꿈길 따라
시간여행

꿈길 따라 시간여행

한명희 지음

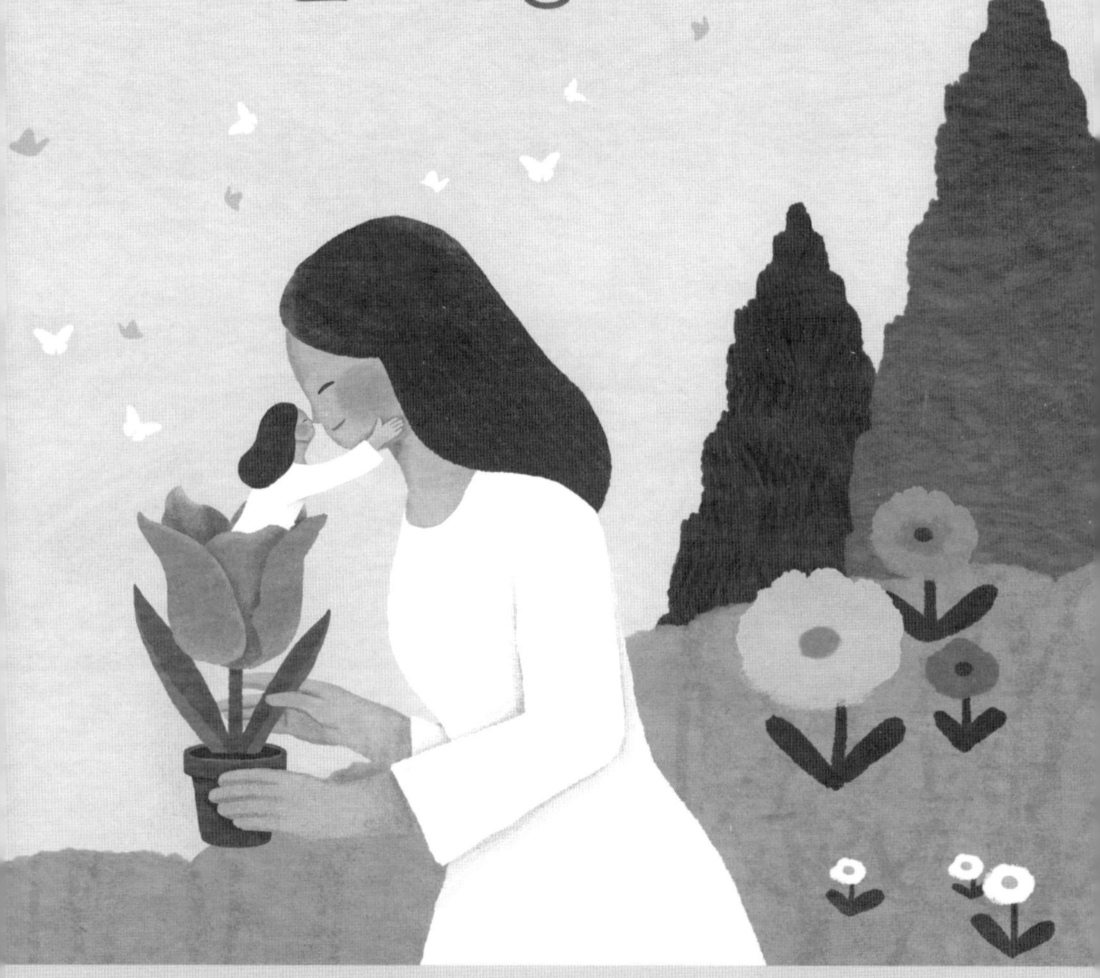

42년간 교정에 몸담았던 교장 선생님의 자기역사쓰기를 통해,

새롭게 발견한 인생과 꿈을 향한 진솔한 삶의 이야기

나도작가 북스

"나에게 삶이란,
최선을 다해 나의 꿈을
만들어 가는 긴 여정(한 편의 드라마)이었다."

Prologue

고등학교 때
윤동주 서시를 좋아하고 암송했다.

죽는 날까지 하늘을 우러러
한 점 부끄럼 없기를
잎새에 이는 바람에도 나는 괴로워했다
별을 노래하는 마음으로
모든 죽어가는 것을 사랑해야지
그리고 나한테 주어진 길을 걸어가야겠다
오늘 밤도 별이 바람에 스치운다

서문을 쓰기 위해 노트북을 여는 중 윤동주의 시 〈서시(序詩)〉가 생각났다. 꿈 많던 시절에 윤동주의 서시는 내게 좌우명처럼 다가왔다. 한 점 부끄럼 없는 삶을 살고 싶어 했다.

일제강점기를 지나 6.25 전쟁 전후 세대로 태어나 근검절약, 새마을운동이 한창이던 때였다. 힘들고 어려운 시기였지만 공부만이 나의 유일한 희망이자 꿈이었다.

　농부의 넷째 딸로 태어나 부모님의 사랑을 듬뿍 받고 자랐다. 그러나 먹을 것이 넉넉하지 못한 시절이라서 보리밥과 칼국수로 허기를 달랬다. 그나마 어머니와 큰언니는 더 먹으려는 오빠들과 동생에게 음식을 덜어주고 물로 배를 채웠다. 요즘 아이들에게는 상상이 안 될 어려움이 있었다는 것을 자녀들도 이해하고 알아야 한다.

　중학교 시절 학교 현관 현수막의 "1,000불 소득 100억 불 수출"이라는 문구가 생각난다. 1970년대에 우리나라는 1,000불 소득을 목표로 온 국민이 열심히 공부하고 일했다. 해외 노동자로 돈 벌려고 떠나는 사람들이 많았다. 그 결과 현재는 국민소득 3만 3,745달러, 5,626억 불 수출의 목표를 달성하였다, 선진국으로 나아가 우리 삶의 질은 높아졌다.

　4남매가 모두 학교에 다닐 때 아버지는 장례 쌀을 얻어왔고, 늘어난 빚을 견디다 못해 집까지 팔았다. 모기 다리처럼 가는 아버지의 다리는 더욱 휘청거렸다. 그래도 아버지는 아들 둘, 딸 둘을 대학에 보냈다. 교육만이 잘 살 수 있는 길이라 생각했다. 고인이 된 친정 부모님의 자식 사랑과 희생에 목이 멘다, 이만큼 잘 살 수 있는 터전을 교육을 통해 마련해 주신 것이다.

　교육대학을 졸업하고 초등교사로 발령받았다. 운명처럼 시아버님을 만나 남편과 결혼하고 두 아이의 엄마가 되었다. 평범한 교사보다 전문성을 갖춘 교사가 되고 싶어 숙명여자대학교 교육학 석사학위를 받았다. 나중에 전문직 장학사 시험 응시에 큰 도움이 되었다.

교사, 장학사, 교감, 교장을 거치면서 교직 생활은 바쁘게 지나갔고 아들과 딸은 성장해 결혼하고 손자들이 생겼다.

2020년 8월, 42년간 몸담았던 교직을 정년퇴직하였다. 코로나19가 한창 번져갈 시기라 학교는 휴교를 반복하다가 결국 휴교 중에 퇴임을 맞았다. 나 자신의 교직 생활을 정리해 보거나 마무리해 볼 마음의 여유가 없었다. 나의 삶을 반추해 보는 시간이 필요했으나 제대로 못한 채 떠밀리듯 학교를 떠났다.

나의 역사를 차분히 돌아보고 기록으로 남기고 싶다는 생각만 막연하게 하며 시간을 보내던 중, 2024년 우연한 기회에 '자기역사쓰기 과정'이 신안산대학교 평생교육원에 개설되어 참여하게 되었다. '김호영' 교수님의 강의를 들으며 자기역사쓰기의 필요성에 공감했다.

'나도 나의 역사를 한번 써보자'는 생각을 하게 되었으며 2024년 4월부터 자기역사쓰기에 착수하게 되었다.

나의 분신인 아들, 딸, 손자들, 그리고 며느리, 사위에게 꿈길 따라 살아온 엄마의 궤적을 보여주고 싶어졌다. 삶의 과정을 기록하여 전함으로써 세대 간의 이해와 소통의 기회를 가져보고 싶었다.

남편과 시부모, 친정 부모님과 형제들과의 관계 속에서 경험하고 느낀 역사를 기록물로 전함으로써 서로 이해하고 애정의 깊이를 더

다질 수 있는 기회가 될 거라 믿는다.

막상 자기역사를 쓰려고 하니 어디서부터 써야 할지 막막했다. 교수님의 강의를 들으며 기초자료들을 준비하고 삶의 주제에 따라 마인드맵을 그려보고 소주제를 써보면서 꿈길 따라 시간여행을 시작했다.

고향의 추억을 소환하고 학창시절 사진을 찾으며 옛 생각에 젖었다. 특히 부모님에 관한 자료가 부족해서 기억에 의존한 부분이 많았다. 살아생전에 부모님의 이야기를 많이 들어두지 못한 아쉬움이 컸다.

남은 삶을 자기역사쓰기 국민운동본부를 통해 자기역사쓰기 운동에 동참하여 많은 사람들이 자신의 삶을 기록하는 과정에서 자신의 가치를 발견하고 새로운 꿈과 비전을 갖도록 작은 힘이나마 기여하고 싶다.

신안산대학교 평생교육원 제1기 자기역사쓰기 지도사 과정을 지도해 주신 김호영 교수님과 함께 참여한 분들(강, 이정, 이홍, 이태, 김, 장, 배, 도)에게 감사의 마음을 전한다.

2025년 5월
본오동 서재에서

목차

Prologue

1부 농부의 딸로 태어나

북수동 72번지	14
나의 고향, 세계적인 문화유산이 되다	19
돼지 다섯 마리 꿈이 이루어지다	23
연무동 통수바위	28
반월 할머니	32
5남매 새 가족	35
떠나보낸 영혼들	40

2부 꿈을 꾸는 시간들

상고머리 꼬맹이	50
인생 변곡점의 은인들	54
무궁화클럽	61
청바지 두 벌	63
느티 모여라	67
청파동 언덕을 오르며	72

3부 아름다운 구속

운명적인 만남 …………………………………………… 78
사랑의 분신들 …………………………………………… 82
둥지를 옮겨 가며 ………………………………………… 89
꿈동이 탄생 ……………………………………………… 94
아름다운 구속 …………………………………………… 98
영부인감, 영부인이 되다 ……………………………… 102
대쟁이 선산 ……………………………………………… 105
새로운 가족 ……………………………………………… 110
행복한 인생 동반자 …………………………………… 115

4부 꿈을 펼치는 시간들

교사로서 첫발을 떼다 ………………………………… 124
수업 실기대회 1등을 하다 …………………………… 129
전국 학교 홈페이지 대회 대상을 수상하다 ………… 133
드디어 전문직 장학사가 되다 ………………………… 137
용인백현초등학교 교감으로 발령 나다 ……………… 141
공모 심사에 뽑혀 교장으로 발령 나다 ……………… 147
육군 부사관이 찾아오다 ……………………………… 152
안산시 최초 공립 단설 유치원을 설립하다 ………… 157
여름방학 잘 지내세요 ………………………………… 159
블루마운틴 추억 ………………………………………… 162
다양한 사회활동에 참여하다 ………………………… 167
미래의 나 ………………………………………………… 180

Epilogue
부록 • 194

1부

농부의 딸로 태어나

북수동 72번지

아버지의 고향은 경기도 화성군 반월면이다. 둘째 아들로 태어나 결혼 후 수원으로 분가하여 살았다. 맨 처음 비행장 근처 세류동 집에서 살 때는 큰언니와 큰오빠만 태어났다. 6.25 전란 후라서 먹고 살기 힘든 시기였다. 철길에서 조개탄을 주워 와 풍로에 불을 피워 간신히 밥을 지어 먹었다고 한다. 그러다가 부모님은 영화동 수원 성벽 밑 집에 살았다.

성벽에 붙은 집으로 다닥다닥 여러 가구가 함께 사는 다가구였다. 부모님은 돈을 모아 더 좋은 위치에 집을 마련하였다. 그곳이 수원시 북수동 72번지였다. 방화수류정과 화홍문, 수원천이 가까이 위치해 있는 곳이다. 버스가 다니는 장안사거리 대로가 가깝게 있는 도로변 집을 마련하였다. 작은오빠가 태어나 자녀가 셋이나 되니 더 큰 집을 사서 이사하게 되었다.

1958년 9월 20일(음력 8월 8일) 아침에 과자를 굽고 배달하는 일꾼들의 식사를 준비하는 어머니는 산기를 느꼈으나 하던 일을 마치려고 부지런히 움직였다. 아픈 배를 움켜쥐고 아기가 나오려고 하는 아랫도리를 발뒤꿈치로 막으며 불을 지피고 밥상을 차렸다. 더 이상 버틸 수 없을 때 어머니는 방으로 들어오자마자 문고리를 잡고 아이를 쏟으셨다.

우렁찬 울음소리와 함께 내가 이 세상에 태어났다. 산파도 없이 혼자서 아이를 출산하였다고 한다. 상상하기 힘든 일이지만 그 시대에 어머니는 혼자서 탯줄을 자르며 아이를 출산하는 일이 다반사였다고 한다. 아들이 아니어서 부모님은 섭섭해했다. 태동으로 볼 때 꼭 아들 같았는데 딸이 나왔으니 말이다.

"나는 네가 꼭 아들인 줄 알았어! 딸이라 서운했지만 커서는 네가 아들 그 이상이란다."

어머니의 말씀이 지금도 들리는 듯하다. 6.25 전쟁 후 힘든 상황 속에서도 자식들 굶기지 않으려고 부모님은 밤낮없이 일하였다. 그야말로 맨주먹으로 객지에 나와 과자(모나카) 굽기와 찹쌀떡(모찌), 꽈배기 등을 만들어 경기도 남부 일원에 판매(배달)하였다. 수원에서 남양, 사강(송산), 서신, 발안, 조암, 심지어 천안까지 아버지의 제품은 배달되었다. 배달꾼도 있고, 아버지가 직접 배달하기도 했다. 과자부스러기가 많아, 온 집 안에 쥐가 들끓었다. 천장에서 우당탕 뛰어다니고 심지어 방안까지 들어왔다. 뭐든지 물어뜯는 쥐를 피해 새 구두를 방 안 머리맡에 두고 잠을 자기도 했다. 쥐는 구두를 물어뜯어 망가뜨리기도 했다. 열악한 환경 속에서도 부모님이 열심히 일한 결과, 집, 논, 밭을 마련하였다. 내가 태어날 때 우리 집은 살만한 가정이 되었다.

첫째부터 셋째까지 해주지 못한 돌잔치를 넷째인 내게 해주었다고 한다. 그러나 증명할 사진이 없으니 잔치를 했는지 의문스럽다. 돌떡을 못 먹는 아기를 위해 사진이라도 찍어주시지….

사진 찍을 여유도 경제력도 없던 그런 시절에 태어나 자라났다. 집 안에 우물이 있었고 뒤뜰에는 장독대도 있었다. 토끼 사육장도 만들어 키우기도 했다. 토끼풀을 뜯으러 오빠들과 산에 가기도 했다.

초등학교 들어갈 무렵 부모님은 과자 사업에서 쌀가게로 업종을 전환했는데 수입이 시원찮았다. 다시 연탄 가게를 했다. 쌀 한 말을 머리에 이고 날라주는 심부름도 해보고, 아버지 연탄 리어카도 밀었다. 아버지 사업 수완은 미천했다. 사실 아버지는 농사꾼도, 장사꾼도 어디에도 어울리지 않는 분이었다. 아버지는 한학 공부를 즐기는 분이었다. 결국 장사하는 것을 접고 밭농사를 본격적으로 하기 시작했다. 농사만으로 5남매를 교육하고 먹고살기가 힘들었다. 늘 보리 혼식과 분식을 먹었다. 배가 고팠던 기억은 없지만 어머니와 큰언니는 배를 주렸던 것을 나중에 알았다.

쌀가게 할 때는 자주 도둑이 들었다. 쌀을 훔쳐 가려 했으니 배고픈 사람이 많은 시절이었다. 쌀 외상값을 떼어먹고 도주하는 사람도 있었다. 얼마나 살기 힘들면 그랬을까 하는 안타까운 마음이다. 밤이면 도둑이 들까 봐 아버지 다리를 꼭 잡고 잤던 기억이 난다. 아버지는 우리를 도둑으로부터 지켜줄 슈퍼맨이란 생각을 했던 것 같다. 초등학교 5학년 때까지 북수동에서 살았다.

  방이 셋 있었는데 큰 방을 양승헌네에게 전세를 주었다. 선경합섬에 다니는 젊은 부부가 함께 살았다. 세 살 승헌이는 우리 집 식구들이 잘 돌보아 주고 놀아주었다. 승헌이네 엄마는 참 미인이었다. 대구 출신인데 승헌 아빠의 눈에 들어 전격 결혼을 했다고 한다. 젊은 부부의 사랑스러운 모습이 지금도 눈에 선하다. 승헌 아빠는 아내만 보면 환한 얼굴로 애정을 표시한다. 삶에 찌든 부모님과는 대조적으로 사랑이 넘치는 부부였다. 부러운 부부이고 행복이 넘치는 가정이었다. 늘 업어주던 승헌이, 승헌이 동생 임신으로 입덧하는 아주머니를 위해 장안동 길 건너까지 가서 칼국수를 사다 주었다. 나중에 북수동 집을 팔게 되어 승헌이네는 다른 곳으로 이사 가게 되었다. 우리가 이사 가는 곳으로 따라오고 싶어 할 정도로 우리 가족을 좋아했다.

  큰언니를 결혼시켜야 하는데 돈이 없었다. 결국 북수동 집을 팔아서 20~30만 원 떼어 언니를 시집보냈다. 그리고 남수동 84번지로 이사했다. 그곳에서 중학교 2학년까지 살았다. 큰오빠 대학생, 작은오빠 고등학생, 나 중학생, 동생 초등학생으로 네 명 모두 학교에 다니니 아버지의 허리는 휘어지고 다리는 더욱 가늘어졌다.

  더운 여름 내내 아침, 저녁으로 호박을 1,000개씩 따서 도매시장에 내다 팔아 생계를 꾸렸다. 그런 부모님에게 조금이나마 보탬이 되려고 우리 형제들은 열심히 공부했던 것 같다. 찌든 땀 냄새가 풍기는 방 한구석에 책상도 없이 밥상을 펴고 아버지 코 고는 소리를 음악처럼 들으며 책장을 넘기며 공부했다. 힘들지만 자식을 가르치려는 부모님의 신념에 우리 형제 5남매는 남에게 크게 뒤지지 않고 열심히 공부했다.

이제 80에 가까운 큰언니를 비롯해 5남매가 해외여행도 가고 서로 아끼고 사랑하며 행복하게 살아가고 있다. 어린 시절 태어나고 보금자리였던 북수동 72번지를 가끔씩 가서 본다. 집은 헐어져 흔적은 없지만 그곳에서 부모님, 형제들, 친구들의 목소리를 들어보려 한참을 서 있다 온다.

나의 고향,
세계적인 문화유산이 되다

    수원은 조선 중기 정조 대왕 때 '화성'을 축조하였다. 마치 서울의 사대문을 축소한 듯 동문(창룡문), 서문(화서문), 남문(팔달문), 북문(장안문)을 축조하였다. 수원은 분지로 되어 아늑하고 어머니 품속 같은 도시이다. 팔달산에 서장대를 만들고 성을 쌓았다. 실용적인 구조로 되어 동양 성곽의 백미라고 한다. 정약용이 수원성 축조에 거중기를 사용하는 등 과학적인 방법으로 수원성을 완성하였다. 정조가 사도세자를 융 능에 모시고 자주 행차했다는 기록이 있다. 왕의 부모님을 모신 가까이에 화성을 만든 이유가 궁금하다. 아마도 정조의 한과 효심에서 비롯되었을 것이다. 수도 한양의 남쪽을 보위케 하려고도 했을 것이다. 내 어린 마음에 수도를 수원으로 옮기려 했다는 추측을 하기도 했다.

태어난 곳이 역사적인 도시인 것을 모르고 화성 유적지에서 신나게 뛰어놀며 자랐다. 방화수류정 누각에서 친구들과 공기놀이도 하고 화홍문 수문 밑에서 물놀이하며 지냈다. 누각 아래는 빈 공간이 있었는데 거지들이 살기도 했다. 문둥병 환자가 아이들 간을 빼 먹는다는 터무니없는 소문으로 무서워했다. 화홍문 수문은 7개의 아치를 이루어 매우 아름다웠다. 불을 먹는다는 상상의 동물 해태가 화강암으로 잘 조각되어 양옆에 서 있다. 수문 아래 시원한 물이 늘 흘렀다. 누각 아래 물이 흘러가는 모습을 보면 어지러울 정도로 높아 보였다. 수문 아래 물속에서 놀다가 거머리가 달라붙어 기겁하기도 하였다. 물가 근처 풀숲엔 까마중이 많이 있었다.

간식이 없던 그 시절에 까마중은 맛있는 간식이었다. 수원천 개울은 오염되지 않은 물이 흘러내렸다. 빨래하러 가기도 하고 여름밤이면 가족들과 목욕을 하러 가기도 했다. 집에 목욕 시설이 없던 터라 화홍문 수문 아래는 동네 사람들이 자주 이용하는 목욕터였다. 깜깜한 개울에 여기저기서 목욕하는 사람들의 물 끼얹는 소리를 들을 수 있었다. 목욕 시설이 거의 없었던 시절에 수원천 개울은 좋은 목욕터였다.

수원은 팔달산이 가로질러 뻗어 있다. 팔달산에는 아카시아나무가 많이 있었다. 일제강점기에 많이 심었다는 얘기를 들었는데 사실인지는 모르겠다. 팔달산 꼭대기에는 성을 쌓았고 서장대 누각이 있다. 그곳으로 봄 소풍을 가기도 하고, 휴일에 친구들과 놀러 가기도 했다. 친구 아버지가 수원성을 복원하는 건축가라서 김밥을 싸 가지고 구경 가기도 했다. 수원 팔달산 정상 서장대에 오르면 수원이 한눈에 내려다보인다. 아늑하고 고요해 보여 참 좋다. 멀리 광교산도 보인다. 아버지는 땔감을 하러 광교산을 수없이 오르내렸다고 한다. 나뭇짐을 지고 내려오는 아버지의 모습이 보이는 듯하다. 겨울에 가족들을 따뜻하게 지내게 해주려고 자주 나무를 하러 가셨다고 한다. 아궁이에 불을 지피던 어머니의 모습이 아련히 보인다.

무거운 짐을 머리에 자주 이고 다니던 어머니는 무릎이 아파 고생하였다. 당시 영양 상태가 부족하던 시기라 아버지는 광교산에서 뱀을 잡아 오기도 했다. 종이 봉지째 뱀을 넣고 끓인 물을 부었다. 뱀이 죽으면 종이 봉지를 뜯어 버리고 깨끗이 씻어 맑은 물을 부어 정성 들여 삶았다. 어머니의 무릎에 좋다는 생사탕을 아버지는 뒷마당에서 끓이셨다. 아버지가 어머니에게 해주신 유일한 정성이었다.

우리 형제 5남매는 수원 화성 행궁 안 신풍초등학교를 다녔다. 교가에도 그 내용이 자세히 나와 있었다. "팔달산 기슭 아래 고요한 품속, 화령전 유서 깊은…." 팔달산은 143m의 작은 규모의 산이다. 어린 시절 추억이 많은 정겨운 산이다. 송충이를 잡으러 산에 오르고, 아카시아꽃 따 먹고, 영산(靈山)물로 목을 축였다. 영험한 팔달산의 샘물은 약수여서 많은 사람들이 떠다 마시고 아픈 곳을 바르고 하였다. 지금은 그 약수터의 자취가 사라져 아쉽다. 팔달산 중턱에 오르면 강감찬 동상이 있다. 고려시대에 거란의 침입을 슬기롭게 물리친 유명한 장군 동상이 이곳 팔달산에 있어서 오르내리며 바라보곤 했다.

어릴 때 창룡문(동문), 장안문(북문)은 전쟁 때 불타서 누각이 없었다. 어린 시절 뭔지 모를 노래를 불렀다.

"동문은 도망가고, 서문은 서 있고, 남문은 남아 있고, 북문은 부서졌네."

1970년대부터 문화재 복원 사업으로 누각을 세우고 무너진 성을 다시 쌓았다. 화성이 옛 모습을 되찾아 갈 때 1997년 유네스코에서 세계문화유산으로 등록되었다. 태어나고 자라온 고향이 세계적인 문화 유적지가 되어 큰 자부심을 느낀다.

돼지 다섯 마리 꿈이 이루어지다

 돼지 다섯 마리를 우리에 몰아넣는 태몽을 꾸고 부모님은 2남 3녀의 자녀를 출산하였다. 자녀를 다섯 낳아 한 명의 실수 없이 기르셨다.
 큰언니(한명숙, 1948), 큰오빠(한동훈, 1951), 작은오빠(한동우, 1955), 나

(한명희, 1958), 여동생(한명선, 1961) 5남매가 되었다.

어머니는 아들이 셋, 딸이 둘로 바뀌기를 바라는 마음을 숨기지 않고 말하곤 하였다. 그러나 딸 셋이 성장해 결혼한 후에는 딸 셋이길 잘했다는 묘한 말을 하였다. 아들 선호 사상이 짙은 부모님들의 생각이 조금 바뀌어 간 것일까?

살림 밑천인 맏딸

큰언니는 맏딸로 태어나 우리 집 살림 밑천으로 동생들을 교육시키기 위해 희생되었다. 중학교만 졸업하고 집에서 살림을 도맡아 하였다. 부모님이 밭에 가서 일하면 동생들을 돌보았다. 식사 준비와 집안 청소, 빨래도 하며 살림을 하였다. 부모님의 근검절약하는 모습을 보고 자라서 아껴야 산다고 절약하며 생활했다. 결혼하여 성남 상대원에서 사업하는 형부(강승명)와 정현, 상혁, 정림 자녀들이 있다. 결혼해서도 늘 친정집을 챙기며 동생들을 뒷바라지해 주었다. 5남매의 맏딸이라 지금도 회갑이 지난 동생들을 돌보아 준다. 마치 친정엄마처럼 반찬도 해 준다. 동생들이 기특하게 잘 자라 사회의 한 일꾼이 되어 자신감 있게 사는 모습을 자랑스러워한다.

운수 대통했던 큰오빠

장남이라는 무거운 짐을 의식했는지 큰오빠는 어려서부터 과묵했다. 나이 차이가 있어서 큰오빠는 작은오빠보다 덜 친숙하고 어려웠다.

큰오빠는 어려운 가정형편을 생각해 고3 때 우체국 공무원 시험에 도전했으나 낙방하였다. 버스 운전기사를 하려고 면허증을 따고 영구차 조수를 하다가 우연한 기회에 대학 예비고사에 합격했다. 마지막 기회라고 생각했는지 오빠는 밤을 새워 공부하더니 인천교육대학교에 진학했다. 그곳에서 큰올케(○재수)를 만나 결혼했다. 오빠 인생 운수 대통한 순간이다. 결혼 후 민섭, 아름이 태어났다. 큰오빠는 전국교원현장연구대회 최고상 푸른기장을 받았다. 그 특전으로 낙도 '대부도', '울도' 근무를 마치고 승진을 하였다. 교감을 거쳐 교장을 12년 동안 하고 정년퇴직하였다. 말수가 적은 줄 알았는데 큰올케 앞에서는 유머가 많은 사람으로 변한다. 큰올케가 우리 집으로 시집온 이유를 알 것 같다. 큰오빠는 현장교육연구 등 초등교육 발전에 큰 역할을 하였다. 교육도 공정하고 정의로운 경영을 실천하였다. 화성시 매송에 밭을 일구어 5남매 손자들을 불러 자연학습의 기회를 제공한다. 감자 캐기, 고구마 캐기 등 손자들이 즐거워 밭둑을 뛰어다니며 놀게 해준다. 아마도 손자들은 어른이 되어도 이 추억을 기억할 것이다.

명석한 두뇌의 소유자 작은오빠

작은오빠는 우리 집에서 가장 명석한 두뇌를 가졌다. 독서를 많이 해 공부도 잘했다. 초등학교 때부터 우등생이었다. 수성고등학교를 졸업하고 아주대학교 전자공학과를 장학생으로 입학하였다. 나중에 기계과로 전과하고 과톱을 할 정도로 공부를 잘했다. 그러나 4학년 마지막 한 학기를 남기고 병으로 졸업을 못 하였다. 졸업을 못 해 제대로 된 직업을 갖지 못해 힘들게 살았다. 작은올케(ㅇ교순)는 막내 여동생과 고등학교 동창이다. 동생 친구가 어느 날 작은올케가 되었다. 현주와 현섭이가 태어났다. 부모님은 자나 깨나 작은오빠 걱정에 잠을 못 이루셨다. 작은오빠가 태어났을 때 얼마나 예쁘고 사랑스러운지 아기 돌봐(똥꼬 아줌마)주는 분이 훔쳐 갈까 봐 늘 신경 썼다고 한다. 체격이 작고 가냘파 북중학교 1학년 때 기계체조 선수로 발탁된 적도 있다. 물론 운동을 하진 않았다. 바둑을 매우 잘했다. 아마 1단쯤 되는 것 같다. 상식이 풍부하고 똑똑한데 실생활에서는 경제력이 부족한 편이다. 작은올케가 고생이 많다. 건강마저 허약해 더 이상 경제활동을 하기 어려운 형편이다.

귀엽고 재밌는 막내

어려서부터 막내는 귀엽고 여무진 데가 있었다. 내가 곰이면 동생은 영리한 여우쯤 되었다. 얼굴 이목구비도 엄마를 닮아 예쁘고 큼직했다. 초등학교 때부터 리더십이 있는 반장 역할을 잘하였다. 수원간호전문대학교를 졸업하고 부산일신병원에서 조산원 자격을 땄다. 충무로 제일병원에 취업해 간호팀장까지 역임하고 퇴임하였다.

제부(ㅇ제도)와 사이에 현수, 현주가 있다. 전문성을 가진 간호사로 산모들을 대상으로 강의도 하고 유머와 코믹한 말로 가족들을 즐겁게 한다. 아직도 현역으로 병원 근무를 하며 환자들을 돌본다. 어렸을 때는 너무 작고 새까만 아이였는데 지금은 덩치가 크고 배 둘레가 큰 뚱뚱이가 되었다. 성격이 낙천적이고 긍정적이어서 주변 사람들이 좋아하고 따르는 사람들이 많다.

현수는 결혼해서 딸 둘을 두었다. 현주가 결혼하기를 고대하는 것 같다.

연무동 퉁수바위

연무동에 밭이 1,000여 평 있었다. 부모님은 매일 호박을 가꾸고 따서 시장에 내다 팔았다. 그 돈으로 교육시키고 먹고살았다. 밭 위쪽에 작은 바위산이 있었는데 '퉁수(퉁소)바위*'라고 불렀다. 갈 곳 없는 피난민, 빈민들이 그 산 밑에 무허가 집을 짓고 모여서 살고 있었다. 부모님 따라 밭에 가면 그 사람들이 나무 그늘에서 베짱이처럼 놀고 있었다. 땀 흘리며 일하는 부모님을 내려다보며 비웃는 것 같았다. 그들은 자녀들을 초등학교 중퇴시켜 직업전선에 내보내고 술이나 먹으며 살고 있었다.

부모님은 힘들어도 자녀들을 가르쳐야 한다는 신념이 있는 분이다.

---

* 퉁소바위를 퉁수바위로도 불렀다.

밭농사로 호박을 주로 심고 가꾸었다. 아버지는 농사꾼이기보다 유학자에 가까운 분이다. 논어, 맹자, 주역 등 유학 서적을 탐독하고 사주팔자 택일도 할 줄 알며 풍수지리 지관도 공부하였다. 한약방에서 공부하여 한약조제도 한다. 붓글씨 하도 많이 연습해서 벼루 2개에 구멍을 낼 정도였다. 붓글씨로 액자와 병풍을, 유리 펜으로 가계 족보를 남겼다. 술과 사람 사귀기를 좋아해 주변에 친구들이 많았다. 밭에서 일하다 말고 주변 술집에서 시간을 보내다가 어머니랑 다툴 때가 많았다. 누가 봐도 아버지가 잘못했는데도 큰소리치는 권위적인 분이었다.

농사는 오히려 어머니가 더 잘한다. 아버지가 일을 벌여놓으면 뒤처리는 어머니 몫이다. 농사일에 어머니의 손톱은 자랄 새 없이 닳았다. 뭉뚝해진 손가락 마디마디가 휘어져 있다. 농사와 집안일에 허리가 휘어졌다. 머리에 호박 광주리를 이고 장에 가곤 했다. 일하다 힘들고 속이 상하면 막걸리 한잔하고 노래를 부르곤 하셨다.

"오동추야 달이 밝아 오동동이냐…"

"석탄 백탄 타는데 연기만 나는데, 이내 가슴 타는데 연기도 안 나네…"

흥이 오르면 어깨 들썩이며 춤도 추었다. 성격이 호탕하고 긍정적인 어머니의 성품을 닮아 우리 5남매는 무럭무럭 잘 성장했다. 퉁수(퉁소)바위 위에 올라가니 바람이 시원하게 불어왔다. 이렇게 시원한데 부모님은 퉁수(퉁소)바위에 올라가지 않고 일만 했다. 호박 모종을 키우고 옮겨 심고 거름 주고 자식처럼 길렀다. 호박이 열매를 잘 맺어야 우리 가족이 먹고살 수 있으니 매일 농사일에 매달렸을 것이다.

　우리 가족의 목숨줄과도 같은 연무동 밭을 500여만 원을 받고 팔았다. 당시 집 한 채가 100만 원 정도였으니 큰돈이었다. 큰오빠 결혼도 시켜야 하고, 우리들 공부도 시켜야 하니 부모님은 밭을 팔았다. 그리고 망포리에 논을 좀 샀다. 파장동에 집터를 사서 2층 양옥집을 짓기도 했다. 망포리 논은 2002년 신도시 개발로 인해 영통대로가 뚫려 거액을 받고 팔았다. 그 덕에 노후에 부모님은 큰아들로부터 독립해서 동신아파트에서 살았다. 5남매 자식들 키우느라, 결혼시키느라 부모님은 늘 돈에 쪼들려 살았는데 연금 같은 망포동 논이 효자 노릇을 했다. 아파트도 사고 예쁘게 리모델링 한 집에서 3~4년간 행복하게 살았다. 아버지가 80세 때 낙상으로 고관절이 골절되었다. 1년간 어머니의 간호를 받았으나 너무 힘들어 요양원에 보내드렸다. 걷지 못하는 환자는 돌보기가 너무 힘들었다. 꼬장꼬장했던 아버지가 아기가 되었다. 통수(통소)바위 아래 밭을 호령하던 아버지가 몸을 가누지 못해 도움 없이는 어딜 가지도 못했다. 그렇게 고생하다가 84세를 일기로 세상을 떠나셨다. 뒤를 이어 어머니도 87세에 별세하셨다.

　얼마 전에 동생과 통수(통소)바위을 찾아갔다. 예전의 밭이나 빈민들의 무허가 집들도 없어지고 다세대 양옥집들이 촘촘히 지어져 마을을 이루었다. 통수(통소)바위 공원이라고 명하고 공원화하였다. 예전 우리 밭의 모습을 찾아보려고 아무리 둘러보아도 그 모습을 그려볼 수 없었다. 부모님의 땀방울로 얼룩진 통수(통소)바위 동네가 자꾸

눈에 밟힌다. 아버지, 어머니의 호박 따던 모습이 아른거린다. 막대기를 휘저으며 호박을 찾고 따서 바구니에 담아 장에 내다 팔던 부모님. 호박의 거칠한 털에 긁혀 생채기로 힘들어하시던 부모님. 가려워서 밤새 팔다리를 긁어드리고 문질러 드리던 기억들…. 퉁수(퉁소)바위를 올려다보니 뭉게구름이 하얗게 떠 있다. 아버지 어머니가 우리들의 모습을 보고 계시는 것 같아 한참 동안 올려다보았다. 어머니 아버지! 하늘나라에서 평화의 안식을 얻으소서!!

반월 할머니

　아버지의 고향은 경기도 화성군 반월면 건건리 361이다. 현재는 안산시 상록구 건건동이 되었다. 창말(창촌)이라는 동네에 청주 한씨 집성촌에 살았다. 아버지는 일제강점기에 조부모 한백수, 박순돌 사이에 유복자로 태어났다. 할머니는 20대 젊은 나이에 남편과 사별하고 어린 두 아들을 먹여 살리기 위해 멍석을 짜서 시장에 팔아 생계를 이었다고 한다. 아들 둘(큰아버지, 아버지)을 장가들여서도 함께 살았다. 방이 둘뿐이라 하루는 큰아버지 부부랑 한 이불 속에서, 하루는 작은아들 부부와 한 이불 속에서 잤다고 하니 신혼이 없는 삶이었다. 요즘 사람들이 상상하기 어려운 일들이 옛날에는 있었다.

　반월에 아버지의 유일한 형 큰아버지(故 한길택)와 할머니가 살았다. 그래서 방학만 하면 반월 할머니 댁에 놀러 갔다. 창말 동네는 청주 한씨가 많이 살고 있다. 버스를 타고 반월 장터에서 내려 동네 어귀에 들어서면 모두 친척 집이다. 건너 할머니 집, 작은 할아버지 집, 새전 할머니 집을 지나 할머니 집에 도착한다.

"수원 애들 오는구나?"

친척들의 환영을 받으며 신바람 나게 껑충껑충 뛰어갔다. 할머니 집은 벼농사를 지어 쌀밥을 풍부하게 먹어서 좋았다. 상품성 없는 참외도 실컷 먹을 수 있고 원두막에서 놀 수 있었다. 사실 좋은 참외는 장에 내다 팔고 흠이 있거나 벌레 먹은 참외를 먹었다. 달달하니 싱싱한 참외를 먹으며 원두막에서 낮잠을 자기도 했다. 그래서 방학만 하면 할머니 집에 가게 해달라고 졸랐다.

큰아버지 댁에는 명자, 언자 언니, 동관, 동율 오빠, 동춘, 동국이 동생 등 여섯 명의 사촌이 있었다. 할머니 집에 큰어머니가 일찍 세상을 떠났다. 그래서 우리들이 가는 게 부담스러운 걸 어릴 때는 몰랐다. 사촌 언니가 할머니와 싸우는 걸 우연히 들었다. 그 후론 할머니 댁에 가지 않았다. 사촌 여섯 명이 있는데 우리가 가면 사촌 언니가 밥해주기 힘들었을 것이다. 사촌들도 동춘이를 제외한 5남매가 결혼하여 가정을 이루어 독립했다.

아버지는 대단한 효자였다. 할머니와 함께 사는 큰형(큰아버지)이 잘 살아야 한다고 생각하는 분이었다. 돈을 벌면 할머니에게 보내어 농토를 사게 하였다. 세상이 바뀌어 반월이 개발되니 땅값이 대단해졌다. 큰아버지 명의로 사드린 밭이 아깝다는 생각을 뒤늦게 하다가 세상을 떠났다. 이미 사촌들이 나누어 가졌는데 어찌 반환할 수 있으랴!

형님이 잘살아야 한다는 생각을 하고 월급을 갖다주었다니 대단한 형제애라 할 수 있다. 홀어머니에게 효자로 불리며 살았을 터이다.

어머니 신혼 초에 할머니가 한 달에 한 번 월급날 찾아와 돈을 몽땅 가져갔다고 한다. 약간의 양식을 주고 월급을 가져가는 바람에 어머니는 돈 구경을 못 했다. 아버지를 설득해도 할머니에게 월급 탄 걸 모두 주는 아버지였다. 남편 월급을 받아 살림하고 싶은 어머니였다. 하루는 어머니가 짐 보따리를 싸서 대문 앞 나뭇간에 숨어 있었다. 아버지가 집에 와 어머니가 없는 것을 알고는 당황하며 들락거리며 어머니를 찾았다. 늦은 밤 어머니가 방으로 들어가니 아버지가 앞으로는 월급 중 일부를 어머니에게도 주겠다고 했다. 어머니의 가출 시위는 약효가 있었다.

반월 할머니는 화롯가에서 긴 곰방대에 담배를 넣어 뻐끔뻐끔 담배를 피웠다. 홀로 시아버지를 모시고, 자식을 기르느라 평생 자신을 위한 일은 해보지 못하였다. 큰며느리까지 일찍 세상을 떠나는 바람에 할머니는 큰아버지의 자녀 여섯을 키우셨다. 그래서 그런지 작은아들의 자녀인 우리 5남매에겐 별 애정이 없는 듯했다. 장남의 자녀가 더 소중하다고 생각하는 것 같았다. 그래서 우리 형제는 할머니에 대한 정이 없는 것 같다. 가끔 반월역으로 변한 옛 서낭당을 지나갈 때가 있다. 그곳에 서서 안양 가는 버스를 기다렸을 할머니의 비녀 쪽 찐 흰머리가 휘날리며 보이는 듯하다.

5남매 새 가족

큰형부(강○○)

5학년 가을에 큰언니가 결혼했다. 당시 형부는 30세였다. 큰형부가 졸업, 입학 선물로 구두를 맞추어 주었다. 큰처제 공부 잘한다고 자랑스러워하며 용돈을 매번 주었다. 중고등학교 다닐 때 중간고사나 기말고사가 끝나면 언니 집으로 쉬러 갔다. 맛난 음식도 사주어 자주 갔다. 대학교 교육도 시켜주고 싶어 했는데 아버지께서 사위 도움 받기를 마다하였다.

건축 사업을 하여 흥했다가 망하기도 해서 언니를 고생시키기도 했다. 한때는 로열 살롱 자동차에 기사까지 고용하며 살았다. 장인 장모에게 차를 보내어 모셔가기도 했다. 이북에서 피란 내려와 고생을 많이 하며 자수성가한 분이다. 성남에서 라이언스 회장을 역임하고 상혁이 다니는 고등학교의 육성회장을 하기도 하였다. 어렵게 살아온 자신을 생각하며 불우 이웃을 돕기 위해 동사무소에 쌀을 보내주기도 했다.

지금은 90을 바라보는 연세로 귀가 어두워지고 걸음걸이가 불편해 보이긴 하지만 규칙적으로 운동하며 삶에 대한 애착이 크신 분이다. 언니를 너무 사랑해 잠시 안 보여도 전화하고 찾고 난리가 난다. 서로 승명 오빠, 이쁜이라고 부르며 사랑하는 언니 부부의 모습이 아름답다. 오래도록 건강하고 행복하게 사시길 기도한다.

큰올케(최○○) 가브리엘라

　큰오빠랑 캠퍼스커플로 만나서 결혼하였다. 서울에서 잘사는 가정의 만딸인데 가난한 우리 집으로 시집오는 게 이해되지 않았다. 양옥집에서 살다가 허름한 우리 집으로 시집왔다. 시부모, 시동생, 시누이 대가족들과 부대끼며 사는 시집을 택한 큰올케가 대단하다. 사랑의 힘이 이렇게 위대한가? 큰올케는 교사를 하며 시동생 시누이를 교육시켰다. 내가 수학여행 갈 때는 옷 사 입으라고 용돈을 주었다. 지금 생각해도 너무 고맙고 감사하다. 이런 올케가 또 있을까 싶다.

　시부모를 30년 넘게 모시고 살았다. 시집살이 힘든 내색 없이 시누이, 시동생들을 잘 챙겨주었다. 큰오빠는 큰올케를 만나 인생이 달라진 것 같다. 조카들을 잘 키워내고 살림살이를 알뜰히 잘하는 큰올케 덕에 큰오빠는 걱정 없이 잘 사신다. 큰올케는 가톨릭 신앙생활을 하면서 봉사활동으로 소공동체 회장을 하며 바쁘게 지낸다. 특히 가족들을 위해 기도를 열심히 하신다.

작은올케(박○○) 골롬바

　작은오빠의 해박한 언변에 매력을 느껴 좋아했다고 했다. 동생(명선) 친구라 자주 집에 놀러 오고 모내기도 하러 왔다. 어느 날 보니 오빠랑 사귀어 임신하는 바람에 난리가 났다. 어머니가 서둘러 결혼시켰다. 살림도 잘하고 아이들도 잘 키우는 현모양처이다. 작은오빠가 경제력이 부족해 작은올케가 고생을 많이 했다. 아이들(현주, 현섭)을 잘 키워 공부를 잘했다. 종이접기, 요리, 집 안 정리 정돈 등 재주가 많은 분이다. 천성이 착하고 마음이 여린 분이다. 민섭이네 승범, 승민이를 다년간 길러주기도 했다. 요즘은 성당 주교님 식복사로 일하고 있으면서 신앙이 깊어져 감사하다. 덕분에 작은오빠도 영세를 받게 인도해 주어 더욱 고맙다.

제부(곽○○)

동생(명선)은 친구 결혼식에서 만난 제부랑 인연이 되어 결혼했다. 제어·계측 공학도로 직장생활을 하다가 자영업을 하기도 했다. 사업수완이 없는지 오래가지 못하고 접었다. 동생에게 각별하게 잘하고 집안 살림도 잘 돕는 남편이다. 손재주가 많아 집 안 보수 관리를 매우 잘한다. 현재 살고 있는 집을 혼자서 리모델링하기도 하였다. 요리도 잘하고 집 안 정리 정돈 청소도 잘한다.

5남매가 여행 가면 제부가 렌터카를 운전하는 수고를 마다하지 않는다. 동생이랑 동갑이라 5남매 중에서 가장 젊은 사람이다. 친정어머니 생전에 동생 집에서 김장을 여러 번 했다. 형제들이 대부분 아파트에 사는데 유일하게 단독 주택 마당이 있는 집에 살았다. 마당에 수돗가도 있어 배추 절이고 씻기에 안성맞춤이었다. 여러 해 동안 5남매 김장 김치를 제부의 도움을 받아 동생 집에서 했다. 마치 잔칫집처럼 5남매 형제들이 모여 무채를 썰고 양념을 다듬고 맛난 수육에 쌈을 먹으며 즐거운 김장을 담갔다. 깔끔하고 정리 정돈 잘하는 제부가 5남매의 김장 파티에 큰 역할을 해주어 고맙게 생각한다. 사실 제부는 귀찮았을 거란 생각도 든다. 처가 등쌀에 어쩔 수 없이 하였을 것이다. 요즘은 저마다 김장하는 양이 적어져 각자 조금씩 한다. 친정어머니 훈시 받으며 김장하던 그 시간이 매우 그립다. 제부, 장소 제공해 주어 정말 고마웠어요.

떠나보낸 영혼들

친정어머니 故 이옥분 여사

어린 시절 친가의 유일한 친척이 할머니, 큰아버지, 큰어머니, 사촌들이었다. 그런데 할머니(故 박순돌)가 1979년 80세를 일기로 세상을 떠났다.

1901년 조선말에 태어나 반월 창말(창촌)로 시집왔다. 할아버지(한백수)는 1926년 할머니 뱃속에 아버지가 태아로 있을 때 갑자기 돌아가셨다고 한다. 배가 아파 때굴때굴 굴다가 사망했다고 한다. 아마도 급성 맹장이 아니었을까 추측해 본다. 시골에 병원도 없던 일제강점기에 치료 한번 제대로 못 하고 세상을 떠났다. 과부가 된 할머니는 아들 둘을 먹여 살리려고 밤낮없이 일하며 고생했다. 손재주가 있는 할머니는 멍석, 맷방석을 짜서 장에 내다 팔았다. 할머니 손은 딱딱하게 굳은살이 박여 있었다. 할머니는 큰아버지 가족과 함께 사셨다. 그래서 그런지 큰집 사촌 형제들을 더 아끼고 사랑하였다. 상대적으로 우리 형제들은 별 관심을 못 받고 자라서 할머니에 대한 정이 없는 편이다. 긴 곰방대에 담뱃가루를 채우고 화롯불에 불을 붙여 담배를 뻐끔뻐끔 피우시던 모습이 생각난다.

아버지의 큰형님(故 한길택)은 회갑을 지낸 지 몇 년 안 되어 갑자기 폐렴으로 별세하였다. 큰어머니가 일찍 세상을 뜨자 새 큰엄마가 수없이 바뀌었다. 첫 번째 새 큰엄마 사이에서 동국이가 태어났다. 동국이 다섯 살 때 동국 엄마도 세상을 떠났다. 큰아버지는 처복이 없는가 보다. 결국 혼자 쓸쓸히 살다가 사랑방에서 각혈하다 갑자기 세상을 떠났다. 제대로 세상을 즐겨보지도 못하고 농사일로 고생만 하다가 가셨다. 반월에 농토를 많이 남겨 사촌들은 여생을 편하게 살고 있다.

화롯불을 쬐며 담배를 피우시던 큰아버지의 해맑은 얼굴이 떠오른다.

사촌 큰언니(명자)의 사망은 큰 충격이었다. 복막염으로 고생한다더니 세상을 등질 만큼 큰 병이 있었나 보다. 살아생전 아플 때 얼굴 한 번 못 봤다. 갑작스럽게 통보를 받고 장례식장 영정을 마주하니 안타까웠다. 어린 시절 반월 가면 명자 언니가 밥을 해주었는데…. 명복을 빌며 조용히 기도해 드렸다. 몇 년 후에 명자 언니의 남편(형부)도 사망했다. 딸만 둘이 있었는데…. 명자 언니와 형부 모두 세상을 일찍 떠났다.

사촌 작은언니(언자)의 남편(형부)이 피부암으로 세상을 떠났다. 건강원을 하면서 돈을 벌어 살만하니까 암 투병으로 고생하였다. 부부가 고생했는데 노후를 즐기지도 못하였다. 이 또한 마음 아픈 이별이었다. 언자 언니는 쌍둥이 아들 둘과 의지하며 인덕원에서 살고 있다.

가장 가슴 아픈 이별은 친정아버지(故 한철택), 어머니(이옥분)와의 이별이다. 2009년 8월 15일 광복절에 84세를 일기로 아버지는 조용히 숨을 거두셨다. 낙상으로 고관절이 골절되어 요양원에서 4년을 고생하였다. 치매까지 와서 가족을 못 알아볼 때도 있었다. 한학자로 유식하고 점잖았던 아버지가 요양보호사의 돌봄을 받으며 요양원에 계셨다. 가서 뵙고 올 때마다 울면서 돌아왔다. 요양원에 가기 싫어하는 아버지를 맡겨야 하는 상황이 슬펐다.

옛날과 달리 현대는 자식들이 부모를 봉양하지 못한다. 직장 다니느라 모두 바쁘기 때문이다. 아버지의 모습이 미래의 내 모습인 것 같아 마음이 찢어질 듯 아팠다. 요양원에서 생활하며 쇠약해진 아버지는 폐렴에 걸려 병원에 일주일 입원 치료 중 혼수상태가 되었다. 언젠가 이별할 줄 알았지만 막상 닥치니 통곡이 터져 나왔다. 그동안 잘해 드리지 못한 마음에 더욱 서럽게 울었다. 한편으론 고생 그만하고 하늘나라에서 편안히 쉬시길 바랐다.

아버지는 내게 각별한 사랑을 주었다. 딸이지만 아버지와 대화를 가장 많이 했다. 어려서부터 아버지를 좋아했고 심지어 아버지 발치에서 발을 잡고 자면 안심할 정도로 아버지는 든든한 분이었다. 세상에서 가장 힘센 분, 세상에서 가장 잘생긴 분, 세상에서 가장 똑똑한 분이라고 생각하며 자랐다. 아버지와 명절 새벽에 버스 타고 반월 할머니 댁에 가고 싶은데 못 일어날까 봐 아버지와 허리띠를 묶고 잠을 자기도 했다. 아버지가 일어나면 따라 일어나려고 그랬으니 지금 생각해도 웃음이 나온다. 그렇게 아버지 옆에서 자고, 세상 이야기 젊은 이들 이야기를 들려드리면 참 좋아했다. 늘 새로운 것을 배우고 알고 싶어 했던 아버지, 하늘나라에선 하고 싶은 공부 많이 하세요!

친정어머니(故 이옥분)는 2014년 12월 25일, 87세를 일기로 세상을 떠났다. 조실부모하고 무남독녀로 외롭게 살아오신 어머니의 생이 마감되었다. 평생 농사일로 무릎이 망가져 두 다리에 인공 관절 수술을 했다. 몇 년 후 염증이 생겨 재수술 후 섬망이 생겨 식구들을 한 달 동안 알아보지 못하였다. 재수술은 했으나 걷지 못하니 요양원에서 6년 동안 지냈다. 집에 잠시 모시고 오면 요양원 가길 싫어했다. 아기처럼 매달리는 어머니를 요양원에 모셔다드리고 눈물을 흘리며 돌아왔다.

직장을 휴직하고 어머니를 모시고 싶었다. 그런데 관리직(교감, 교장)

이라 휴직이 불가능했다. 차라리 평교사였으면 기간제 교사가 있어 가능한데 관리직이라 어려웠다. 그래서 어머니 생신쯤에 대부도에 펜션을 빌렸다. 온 가족이 모여 2박3일을 함께 지냈다. 일어서지 못하지만 춤이라도 출 듯 너무 좋아하는 어머니의 모습이 눈에 선하다. 어머니 덕분에 5남매와 가족들, 손자들, 증손자들까지 대가족이 모였다. 가든 바비큐 파티를 하고 수영장에서 증손자들이 놀고 그야말로 천국 같은 시간이 지나고 헤어질 시간이 되면 어머니가 "나는 어느 집으로 가야 하니?" 하고 말씀하셨다.

누군가의 집으로 데려가기를 바라는 간절한 외침을 알면서도 애써 외면하였다. 5남매 모두가 각자의 생활과 어려움이 있어 모시지 못했다. 미래의 내 모습을 보는듯했다. 큰언니랑 뼈에 살가죽만 붙은 어머니를 목욕시켜 드리고 옷을 갈아입혀 드렸다. 어머니의 여생이 너무 힘들고 고통스러워 요양원 생활을 빨리 버리고 하느님이 데려가길 기도했다. 아들딸과 함께 요양원을 방문하면 늘 이런 말을 했다.

"엄마, 아빠도 나중에 요양원에서 생을 마쳐야 할 거야. 너희들이 바빠서, 또 힘들어서 돌보기 힘들 거야. 외할머니처럼 요양원에 보내주렴. 그리고 좀 자주 찾아와 먹을 간식을 사다 주렴. 엄마의 연금과 통장을 너희들이 관리하면서 챙겨주길 바란다." 아들과 딸은 벌써 그런 얘기를 한다고 화를 낸다. 농담처럼 진담을 자주 얘기한다.

결코 짧지 않은 6년이란 시간을 요양원에서 갇혀 지내다 폐렴으로 세상을 떠난 어머니, 조실부모하고 큰아버지 집에 얹혀 불쌍하게 자란 어머니는 파란만장한 일생을 마치셨다. 친정 부모가 없으니 시집

와서도 힘이 없었던 어머니. 자식들만큼은 건강하게 기르고 가르쳐야 한다는 일념으로 일만 하신 어머니.

  어린 시절 엄지손이 어딘가에 찔려 곪고 있었다. 노랗게 고름 진 엄지손가락은 만질 수 없을 정도로 아팠다. 고름을 짜내야 한다는데 아파서 짜낼 수 없었다. 어머니가 내 손가락을 입에 넣고 빨기 시작했다. 눌러 짜지 않으니 전혀 아프지 않았다. 어머니 입속으로 고름이 빨려 들어갔다. 어머니는 내가 아플까 봐 입으로 빨아주신 것이다. 어린 마음에도 너무 고맙고 감사한 마음이 들어 지금도 생생하게 떠오른다. 나도 어머니처럼 자녀의 고름을 빨아줄 수 있을까? 어머니의 자식 사랑, 희생이 가슴을 저민다.

  세상을 떠나 지금은 안 계시지만 친정 부모님을 추모하며 친정 부모님의 추억이 담긴 영상을 만들어 함께 보았다. 잘 쓰지는 못하지만 부모님을 생각하며 추모시도 지어보았다. 친정아버지 기일 10주기에 가족들 앞에서 낭송하였다.

부모님을 추모하며

2009년 8월 한철택 아버님이 세상을 떠나시고,
2014년 12월 이옥분 어머님도 아버님 곁으로 가셨습니다.

우리 5남매와 손자 손녀들에게 아름다운 추억 많이 남기시고 행복하게 하늘나라로 가셨습니다.

한철택 이옥분 부모님 사이에서 태어난 5남매
그리고 손자 11명. 증손자 12명이 태어나 33명의
대 가족을 이루었습니다….

형제자매가 없으시던 부모님에겐 큰 재산이 자손들이었지요.
손자들도 잘 자라나 잘 살고 있음에 감사드립니다.

70대, 60대에 접어든 우리 5남매도
손자들과 행복한 시간 보내며
부모님의 은혜를 되새겨 봅니다.

한철택 이옥분 부모님을 추모하며
저희 5남매와 손자, 증손자도
부모님의 은혜 잊지 않고 서로 도우며
행복하게 잘 살겠습니다.

주님의 평화와 은총이 부모님과
저희 가족 모두에게 내려주시길 기도합니다!
아멘!

2020년 8월 한철택 아버님 10주기 기일을 추모하며….

둘째 딸 한명희 올림

2부

꿈을
꾸는
시간들

상고머리 꼬맹이

    1960년대에는 아이들의 머리를 집에서 잘라주었다. 심지어 머리숱이 많아지라고 머리를 빡빡 깎아주기도 했다. 마치 아기 동자승 같은 모습이었다. 머릿속에는 기계충(이발 기계로 옮겨진) 피부병과 부스럼이 존재했던 시기였다.

    화홍문 가는 길에 이발소가 있었다. 온 가족이 애용하는 이발소에 가끔씩 가서 머리를 깎았다. 여자아이를 남자 이발하듯 머리를 짧게 하였다. 어른 의자에 작은 나무판을 대고 앉혀 이발 기계로 썩둑 썩둑 머리를 잘랐다. 머리 자를 때 집혀 나가듯 아파서 눈물을 찔끔 흘렸다. 이발소에 가길 싫어한 이유가 되기도 했다. 위생 환경이 좋지 않아 머릿니가 생겨 심지어 상고머리로 이발하기도 했다. 머리를 짧게 잘라서 이발료를 아끼는 효과도 있었던 것 같다.

    그래도 성격은 온순·명랑했는가 보다. 단발머리 꼬맹이는 짤짤거리며 동네를 돌아다녔다. 옆집 구멍가게(춘자네 집)에 사탕 사러 자주 갔다. 1원에 큼직한 눈깔사탕 2개를 주었다. 또 손가락에 뻥 과자를 10개 끼워주었다. 가게 주인아저씨 아주머니가 "돼지 입!!" 말이 떨어지기 무섭게 나는 돼지 입 모양을 했다. 왜 그랬는지 모르겠다. 아버지를 닮아 입술이 위로 말아 올려진 모습이 우스워 자꾸자꾸 시켰는가 보다. 여자아이에게 시킨 행동으로 좀 너무했다. 뭔지도 모르고 습관적으로 했으니 말이다. 어느 순간 나의 행동이 부끄러운 것이라는 것을 깨닫고 다시는 하지 않았다. 거울을 보고 해보니 정말 돼지 입처럼 웃기게 생겼다. 이 모습을 보고 어른들은 많이 웃었을 것이다. 어린아이의 입을 보고 시킨 행동이니 어른들의 생각이 참으로 부족한 것 같다.

북수동 우리 집 맞은편에 방앗간이 있었다. 동네에서 유일하게 TV가 있는 부잣집이었다. 레슬링 선수 '김일'이 시합하는 날, 한일 권투 시합을 하는 날이면 온 동네 사람이 방앗간 집 마루에 모여 TV를 보며 응원했다. 16절 시험지 크기만 한 TV를 보려고 온 동네 사람들이 방앗간 집 마루와 마당에 모였다. 동네 사람들이 한데 모인다는 건 요즘은 상상할 수 없는데 그 당시엔 너무도 자연스러운 일이었다. 방앗간 집 부부는 동네 사람들과 아주 친하게 지냈다.

방앗간에는 추석이나 설 명절이면 사람들이 명절 떡 하러 100여 미터 이상 줄을 섰다. 몇 시간씩 서서 기다렸다가 방아를 찧고 떡을 했다. 지금은 그런 모습을 볼 수 없는데 1960년대엔 추석 명절 송편 하기 위해 쌀 방아를 찧고, 설날엔 떡국용 가래떡을 빼느라 방앗간은 김이 무럭무럭 안개 속 같았다. 특히 가래떡이 나오는 것을 구경하는 게 참 재미있었다. 떡이 쉴 새 없이 기계 구멍을 통해 나오면 물속에 담가 적당한 크기로 잘라서 그릇에 담아준다. 방앗간에 얼쩡거리며 기계 속에 끼인 떡을 얻어먹기도 했다.

어머니가 가래떡을 해오면 따끈따끈 말랑말랑한 떡을 한 가락씩 맛나게 먹었다. 손이 부르트도록 칼로 떡을 써시던 어머니가 생각난다. 가래떡은 꿀이나 조청에 찍어 먹으면 더욱 맛있다. 가래떡이 굳으면 칼로 떡을 썰어 떡국을 끓여 먹었다. 어린 시절 먹을 것이 많아지는 명절을 기다렸다. 어머니는 명절이 오면 너무 바쁘셨다. 엿을 고아 만들기도 하고, 엿을 사서 한과를 직접 만들었다. 깨강정, 콩강정, 쌀강정, 보리 강정 등 명절엔 평상시엔 구경하기 어려운 맛난 음식들이 만들어졌다. 모두 어머니의 정성으로 만들어진 것을 먹으며 명절을 즐겼다. 또, 자식들 한복을 손수 지어 입히고 새 양말을 샀다. 새 옷을 입히진 못해도 양말만큼은 언제나 꼭 새것으로 신게 하였다. 새 양말만 신어도 참 행복하고 기분 좋은 명절을 맞이했다. 작은 것에도 행복해했던 가난한 시절이었다.

방앗간 집에 나랑 동갑내기 남자아이가 있었다. 문○○이는 매일 등굣길에 우리 집에 와서 그날 학교 준비물을 묻고, 나를 불러 같이 학교에 갔다. 부잣집 둘째 아들이어서 늘 주머니에 동전이 짤랑댔다. 내게 먹을 것도 잘 사주었다. 그 친구는 당시 흔치 않은 가정교사가 있어 공부를 돌보아 주었다. 덕분에 그 가정교사의 도움을 받아 숙제를 함께하기도 하였다. 그 친구 집 뒤뜰 굴뚝 밑에서 소꿉놀이를 자주 했다. 풀을 뜯어 반찬을 하고 모래알로 밥도 지었다. 3학년까지 숙제도 함께하고 곧잘 놀았다. 방화수류정과 화홍문, 현충탑으로 마라톤하며 달리기를 했다. 현충탑 근처 공터에 굴을 파 아지트라고 명하고 전쟁놀이도 했다. 높은 언덕에서 용감하게 뛰어내리기도 했다. 마치 투사가 된 듯 신나게 놀았다. 하루 종일 아무 걱정 없이 놀던 어린 시절의 나는 말괄량이 기질이 있었던 거다. 씩씩한 여자아이였다. 그런데 4학년부터는 서로 어색해지고 말도 안 하고 그렇게 멀어졌다. 사춘기가 와서 서로 내외한 것이다. 엄마 아빠 소꿉놀이하던 어린 시절의 남자 친구는 더 이상 함께 놀거나 말하지 않고 멀어졌다. 어디선가 잘 살고 있겠지, 아마도 할아버지가 되었겠지?

    대학생 때 통학하면서 우연히 전철 안에서 소꿉친구를 만났다. 그러나 서로 너무 어색해하며 말도 걸지 못했다. 서로 안부라도 물어볼 걸 하는 아쉬움이 남는다. 어린 시절 엄마 아빠 하며 소꿉놀이를 함께 하던 친구라서 오래도록 기억에 남는다.

인생 변곡점의 은인들

한 인간이 성인이 되기까지 많은 선생님의 사랑과 은혜로 성장한다. 초등학교부터 대학 때까지 수많은 선생님의 가르침을 받았다. 그중에서 내 인생의 스승님, 고마운 선생님 세 분의 은혜를 잊을 수 없어 소개한다.

1965년 수원 신풍초등학교에 입학했다. 1학년(양경자), 2학년(김인숙), 3학년(애상민), 4~5학년(한현욱), 6학년(김종민)까지 담임 선생님의 이름을 기억한다. 그중에서 가장 기억에 남는 분이 한현욱 선생님이다. 이북이 고향인데 남북 분단으로 인해 남하하여 초등교사가 되었다. 일제강점기에 와세다대학교에 다닐 정도로 가정도 유복하고 학구열이 높으셨다. 말을 약간 더듬었지만 동시 짓기, 동요 부르기를 즐겨해서 음악시간에 풍금 연주를 잘하였다. 체육시간에 노래 부르며 운동장을 행진하기도 하였다. 즐겁고 행복한 학교생활을 하였다.

한현욱 선생님은 1968년 4, 5학년 때 담임이시다. 자원 재활용을 실천하는 교육 활동을 전개하였다. 나무 궤짝으로 폐휴지 수집 상자를 2개 만들었다. 방과 후에 당번을 정해 학교 쓰레기장에 버려진 휴지를 집게로 주워 담았다. 모인 휴지를 팔아 축구공, 농구공, 배구공 등을 사서 체육시간에 사용했다. 당시 학교 재정이 열악해 학습 교구가 많이 부족했는데 선생님은 폐휴지를 팔아 마련하였다. 학용품을 사서 학생들에게 나누어 주기도 했다. 사실 춥거나 더울 때에 휴지 줍기는 매우 귀찮은 일이었다. 특히 바람 부는 날 휴지 줍기는 너무 힘들었다. 버려진 폐휴지가 모이면 돈이 된다는 것을 알게 해주는 교육을 실천을 통해 하였다. 열심히 주워 모아 창고 가득 찬 폐휴지 포대를 보면 흐뭇했다.

4학년까지 공부에 관심이 없었다. 학교는 의무감에 다녔을 뿐이었다. 5학년 때부터 공부에 흥미가 생기기 시작했다. 예습 복습을 열심히 하니 성적이 좋아졌다. 11월 어느 날, 선생님이 친구들 앞에서 수업태도가 좋아졌다고 칭찬해 주면서 왕자 크레파스를 선물로 주었다. 왕자 크레파스는 50원이었다. 그동안 30원짜리 코끼리 크레파스만 썼는데 왕자 크레파스라니…. 너무 기분이 좋아 공부가 한층 더 재미있고 학교생활이 즐거웠다. 선생님의 말씀 한마디에 내 인생이 바뀌는 것을 느꼈다. 이어서 2개월마다 선출하는 부반장에 선출되는 기적(?)이 일어났다. 선생님의 칭찬 한마디에 상상해 본 적 없는 학급임원이 되었다. 반장 우○○이 전학을 가는 바람에 내가 반장을 겸하게 되었다. 수줍어서 발표도 못 하던 내성적인 내가 차렷·경례 구령도 하고 선생님 심부름도 도맡아 했다. 성격도 외향적으로 점차 변하게 되었다. 나의 내면에 활발하고 에너지가 넘치는 외향적 성향이 조금씩 나타나기 시작했다. 정말 신바람 나는 학교생활이었다.

초등학교 때는 치맛바람이 심한 시절이었는데 부모님은 농사짓느라 바빠서, (가진 게 없어서) 선생님 한번 찾아뵙고 인사드리지 못했다. 그래도 선생님은 편애하지 않고 아껴주었다.

5학년 때 생애 처음으로 우등상을 받았다. 얼마나 좋은지 상장을 받고 학교에서부터 상장을 펄럭이며 집까지 뛰어갔다. 날아갈 듯 기분이 좋았다. 2학년 동생 명선이도 우등상을 받았다. 농사일로 땀에 젖은 부모님이 기분 좋아 환하게 웃으며 기뻐하였다. 공부를 잘하는 것이 효도하는 일이라 생각했다. 내 생애 최고의 순간이었다. 자기 주도적으로 공부하고자 하는 의욕이 샘솟았다. 페스탈로치 같은 한현욱 선생님의 교육이 한 인간을 변화시킨 것이다. 교사가 되어서도 늘 선생님을 잊지 않고 스승의 날이면 찾아뵈었다. 교사의 말 한마디에 학생은 인생이 바뀔 수 있다. 교사가 되어서도 선생님처럼 편견 없이 아이들을 사랑으로 교육하는 교사가 되고자 노력했다. 선생님께서 내가 장학사가 되었다고 기뻐하던 모습이 떠오른다. 스승의 날 연무동 자택으로 찾아가면 그렇게 기뻐하던 선생님! 큰절을 올리고 감사함을 전했다. 2007년 선생님은 세상을 떠나셨지만 내 마음속에 고마운 선생님으로 오래도록 남아 있다.

중학교 3학년 담임 류병희 선생님은 용인 수지에 생존해 계신다. 수원여고에 진학시키고자 하는 부모님을 설득해 신설 영복여자고등학교에 특대생으로 진학하도록 하였다. 영어 선생님으로 '스마일 연습장'을 만들게 하고 영어 단어를 외우게 했다. 영어가 재미있어졌다. 《소년일보》를 학급마다 구독하는데, 신문을 배부하고 대금을 걷어내면 한 부당 500원을 주었다. 그 일을 하게 해주어 용돈을 벌어 썼다. 일종의 아르바이트 같은 일이다.

"나는 사막에 물을 붓는 사람이야…. 언젠가 그 물이 모여 오아시스로 솟아날 날을 기다린다. 이 기다림으로 교육하지."

학교가 끝나고 화서동 넓은 들판을 선생님과 걸어서 집에 오던 날, 선생님 교육철학 얘기해 준 것을 기억한다. 경주 수학여행 때 부실한 숙소를 예약한 담당자와 싸우고, 불편한 학생 숙소에서 함께 숙식하던 강직한 선생님의 모습도 기억한다.

중3 때 나를 장학퀴즈에 출전시키려고 서울 방송국에 데리고 갔다. TV가 없어서 퀴즈도 못 보는 내게, 선생님은 문제를 적어 왔다. 학교 옆 스탠드로 데려가 연습시켰다. 문제를 내고 답하는 연습을 했다. 덕분에 MBC, TBC 방송국을 구경했다. 난생처음 서울 풍경과 남대문을 구경했다. 시골 촌놈이었는데…. 카레라이스, 냄비우동도 사주셨다. 그런 음식을 먹어본 적이 없어 지금도 그 맛을 잊을 수 없다. 고등학교 진학 후 오라는 방송국 직원의 말을 듣고 돌아왔다. 선생님의 제자 사랑은 매우 컸다. 뭔가 도전시키고 키워주고 싶은 선생님의 마음이 느껴졌다.

늘 불의에 항거하던 선생님은 사립재단에서 관리직으로 승진하지 못하고 퇴직하였다. 어린 학생의 눈에는 진정한 교육자의 모습이 보였고 존경했다. 서울대학교를 졸업한 수재 선생님이었는데 아까운 분이다. 한현욱 선생님이 돌아가신 후부터 스승의 날에 류병희 선생님을 찾아간다. 선생님은 용인에서 농사지은 채소를 안산 우리 학교(안산중앙초등학교)까지 버스로 2시간 걸려서 가지고 온다. 들기름 참기름을 짜서 딸에게 주듯 들고 올 때가 많았다. 선생님의 정성에 목이 메어온다.

  10년 전, 낙상 후 거동이 불편해 집에서 나오질 못한다. 용인 수지댁으로 찾아뵈러 간다. 귀가 어두워져 못 알아듣는 선생님이 안타까웠으나, 제자의 방문을 너무 반가워하신다. 혼자 떠들며 얘기를 많이 한다. 선생님 가르침으로 제자가 잘 살았다고 귀에 대고 큰 소리로 말했다. 눈물을 글썽이며 기뻐하신다. 연세가 88세이다. 살아 계시는 동안 선생님의 은혜에 보답하기 위해 자주 연락드리려고 한다. 매일 카톡으로 안부를 전하고 있다.

  장응범 선생님은 고2 때 담임 선생님이다. 소심한 성격인 내게 반장의 역할을 가르쳐 주었다. 솔선수범하는 리더의 역할을 가르쳐 주었다. 언행이 일치되는 모범을 보여주어 모두 존경했다.
  2학년 3반 친구들이 지각을 많이 하고 문제를 일으켜 방과 후 운동장에서 단체 기합을 받았다. 몽둥이를 들고 선생님이 엉덩이를 두 대씩 때렸다. 모두 때리고 몽둥이를 반장인 내게 주며 선생님을 때리라고 했다. 맞은 아픔보다 선생님의 아픔이 느껴져 선생님을 붙잡고 엉엉 울었다. 그 후 우리 반은 매우 모범반이 되었다. 공부도 우수, 환경도 우수, 생활도 우수반으로 상을 받았다. 선생님의 체벌도 우린 사랑으로 느끼고 존경했다.

　가정형편 때문에 대학 진학을 망설이는 내게 꿈과 희망을 심어주었다. 여학생이 선택하기 좋은 사범대학(국어)을 추천하였다. 첫 등록금도 내주고, 사계절 옷도 만들어(사모님이 의상실 운영) 준다고 하였다. 형편이 어려운 제자를 위해 뭔가 해주고 싶어 하는 마음이 느껴져서 너무 고마웠다. 절대로 진학을 포기하지 말라고 했다. 선생님도 평안남도에서 피난 내려와 어렵게 공부하였다고 경험담을 들려주었다. 어머니를 불러 대학에 꼭 보내야 한다고 강조하였다. 어머니는 끝까지 보낸다는 말을 못 하였다.

　나의 꿈은 약사가 되는 것이었다. 의대 실력은 안 되고 약대는 갈 수 있을 것 같았다. 그러나 부모님은 사립대에 진학하는 작은 오빠가 있어 교육대학교에 보내주는 것으로 만족해야 했다. 농사를 지어 학교를 보내는 부모님을 생각하면 교육대학교도 감지덕지다. 얼른 돈을 벌어 더 공부하리라 생각했다. 2년제 교육대학교를 졸업하고 학사과정, 석사과정을 도전할 수 있는 것도 선생님이 이끌어 준 가르침이다. 사모님이 만든 웨딩드레스를 입고 결혼을 했다. 등록금과 옷을 지원해 주고 싶어 했던 선생님의 제자 사랑을 잊을 수 없다. 교육대학교 진학으로 도움을 받진 않았지만 늘 고마운 선생님으로 남아 있다. 경북 군위군 우보면으로 귀촌하여 살고 계신다. 가끔 전화하면 "한명희 네가 있어 내가 교사 한 보람이 있다. 사랑한다!"라고 하신다. 늘 건강하게 사모님과 오래오래 사시길 기도한다.

 빠른 시일 내에 여행 삼아 대구에 한번 내려가 선생님과 사모님을 만나 뵙고 오고 싶다. 선생님이 더 연로해지기 전에 선생님 내외를 뵙고 선생님의 은혜로 제자가 사회생활 잘하고 명예롭게 공직생활을 마치게 되었음을 말씀드리고 싶다. 모두 선생님의 가르침으로 올바르게 잘 살아왔다고 생각한다.

무궁화클럽

1969년 초등학교 5학년 때 친구들과 '무궁화클럽'을 만들었다. 무궁화클럽은 봉사클럽이었다. 12살 소녀들 다섯 명이 회원이다. 아무도 모르게 착한 일을 하고 싶은 친구들이 마음을 모아 만들었다. 가을이면 학교 뒤에 낙엽이 많이 떨어져 쌓여 지저분해졌다. 아침 일찍 등교해 학교 창고에서 싸리 빗자루를 꺼내 학교 뒤 운동장 청소를 했다. 그리고 아무 일도 안 한 듯 교실로 들어가 아침 자습을 했다. 봉사의 의미를 잘 모르지만 남몰래 착한 일을 한다는 것이 즐거웠다. 5명이 또래 집단을 만들어 크고 작은 봉사를 하려고 했다. 지금 생각해도 그 나이에 봉사를 하고자 했다는 게 신기하다.

이런 생각이 자라 중학교 1학년 때 봉사부장을 맡았다. 매주 일요일 화서문 청소 봉사를 하자고 제안했다. 나의 의욕이 너무 지나쳐서 친구들의 주말 단잠을 깨웠다. 참여자를 파악해 회의 시간에 발표하곤 하였다. 사정이 있어 참석하지 못하는 상황을 이해하지 못했다. 집이 멀어 버스를 타고 와야 하는 친구들 사정을 생각 못 했다. 학급 친구들이 나의 극성 때문에 얼마나 힘들었을까 정말 미안한 마음이다. 봉사의 진정한 의미를 잘 몰랐지만 학생들이 봉사활동으로 지역사회에 기여해야 한다는 마음이 매우 컸다. 이런 마음이 자라 성인이 되어서도 남을 배려하고 봉사하는 리더가 되는 바탕이 되었다.

중학교 때는 부실장을 맡아서 학급의 일에 참여했다. 고등학교 때는 실장이 되어 학급회의를 진행하고 학급을 이끌어 나갔다. 쉽고 편한 일만 찾아 하지 말고 양성평등으로 동등하게 일을 하는 게 옳은 일이라고 고등학교 2학년 담임 선생님이 가르쳐 주신 대로 하였다.

봉사는 남에게 보여주고 자랑하기 위한 봉사가 되기 쉽다. 왼손이 하는 일을 오른손이 모르게 하는 진정한 봉사를 해야 한다고 생각한다. 사회생활을 하면서 굳은일, 남들이 하기 귀찮아하는 일을 앞장서서 하곤 했다. 그것이 봉사라 생각하진 않았지만 남보다 더 많은 일을 맡아서 했고 그래서 늘 바쁘게 생활했던 것이다. 나에게 이득이 되는 일이 아니어도 앞장서서 일을 해냈다.

지금쯤 무궁화클럽이라고 비밀스러운 봉사클럽을 만든 여학생들의 이름도 잊혀지고, 모습도 희미해졌지만 순수했던 마음이 어딘가 남아 있을 거란 생각이 든다. 모두 머리가 희끗하게 변하였겠지?

청바지 두 벌

    1977년 3월 인천교육대학교에 입학했다. 수원에서 인천 제물포에 있는 학교까지 가려면 수원역까지 시내버스 타고 가서 1호선 전철을 탄다. 구로까지 가서 인천행으로 갈아탄다. 제물포역에서 내려 15분간 걸어서 숭의동 캠퍼스에 도착한다. 총 2시간 정도 걸려서 등교했다. 점심은 도시락을 싸서 가지고 다녔다. 점심을 사 먹을 용돈이 부족한 시기였다. 전철 통학권과 버스 차표가 전부였다.

    한 학기에 한 번씩 국가에서 지원하는 장학금 1만 5,000원을 주었다. 그 돈으로 청바지를 샀다.

    1학년 내내 거의 청바지만 입고 학교에 다녔더니 너덜너덜해졌다. 매일 청바지만 입었다. 2학년 때 받은 국가 장학금으로 또 사서 졸업 때까지 입고 다녔다. 청바지 두 벌과 운동화가 대학생활 의상이었다. 축제 때는 큰올케가 한복 한 벌 맞추어 주어서 강강술래 전야제에 참여할 수 있었다.

　2년제 대학이라 4학기가 끝나면 졸업이다. 그래서 한 학기를 1년이라 생각하며 대학생활을 했다. 4년제 다니는 친구들이 부러웠지만 4학기를 4년처럼 알차게 다니고 싶었다. 생각하기 나름이다. 한 학기 한 학기를 보람 있고 의미 있게 대학생활을 해나갔다.

　학교 서클로는 스카우트에 가입했고, 대학 연합으로 화홍회, 이데알레에서 활동했다. 인천교육대학교 선후배 모임인 느티 모임에도 참여했다. 농촌 봉사활동(여주, 이데알레)을 가기도 하였고, 화홍회에서는 클래식 음악 감상회를 개최하기도 하였다. 수원에서 시화전(느티)을 1년에 한 번씩 2회 개최하여 교수님들을 초청했다. 시를 써본 적이 별로 없지만 대학생이 느끼는 감성을 시로 표현했고 시화를 그려서 전시했다. 주머니 사정이 열악한 관계로 당시 '학 다방'을 빌려서 시화전을 개최하였다.

　겨울방학 내내 문집(화홍회)을 만들기 위해 손가락이 아프도록 철필을 긁었다. 컴퓨터도 없던 시기라서 철필을 긁어 문집을 만들었다. 영선이랑 함께했던 생각이 난다. 대학생 때에 누릴 수 있는 일들을 열심히 했다. 짧은 4학기였지만 공부도 열심히 했다. 졸업 연구 발표회 때 과학과 대표로 뽑혀 발표자가 되었다. 전교생 앞에서 발표하고 상장과 부상으로 앨범을 받았다. 차재선 교수님의 지도로 우리 연구팀이 과학반 최우수를 하였다. 함께 했던 송정원, 어수경이 생각난다.

　숭의동 뒷골목엔 라면, 튀김을 파는 가게들이 있다. 등하굣길에 너무 먹고 싶었는데 용돈이 없었다. 가끔 친구가 사주기도 했다. 은순,

순희, 정원이랑 넷이 친하게 지냈다. 도서관에서 미술 도서를 보며 작품을 감상했다. 비록 그림을 잘 그리진 못해도 작품에 대한 안목을 길러보고 싶었다. 마네, 모네부터 현대 피카소까지 작품을 탐독했다. 직장을 갖고 제일 먼저 월부로 구입한 책이 미술 도서이다. 친구 순희가 클래식 다방(동인천 벤다방)에 데려갔다. 클래식에 관심을 갖기 시작했다. 그래서 미술책과 함께 클래식 레코드판을 월부로 샀다. 두 가지 모두 지금도 보유하고 있다. 부족한 여건 속에서도 자신의 역량을 키우기 위해 부단히 노력했던 흔적으로 잘 간직하고 있다.

1970년대 우리나라 경제는 경제 도약을 위해 전 국민이 아끼고 절약하며 열심히 일했다. 특히 여자를 고등학교, 대학교까지 보낸다는 건 드문 일이었다. 대부분의 여자아이들은 초등학교나 중학교를 졸업하면 공장에 보내져 산업전선에서 돈벌이를 했다. 가족의 생계에 보탬이 되게 하려고 취업을 해야 하는 시기에 아버지는 나를 초급대학이지만 교육대학교에 진학시켜 주었다. 먹을 것, 입을 것이 부족하긴 했어도 미래에 대한 희망이 있었다. 예쁜 옷, 좋은 신발은 아니었어도 내 마음의 양식은 차곡차곡 쌓아갔던 것 같다.

청바지 두 벌. 2년 동안 참으로 편하게 입고 다녔다. 여대생으로 멋부린다는 생각은 사치였다. 2년 공부하고 졸업해서 취업하면 부모님께 월급을 타서 갖다드려야 한다는 책임의식이 있었다. 땀 흘려 농사지으며 자식들을 가르치려는 부모님의 큰 사랑에 보답하는 길은 돈을 버는 일이었다.

가끔은 멋진 옷을 입고 예쁜 구두를 신고 다니는 여학생을 보면 부러기도 했다. 언젠가 나도 멋지게 살날이 올 거란 희망의 끈을 갖고 열심히 공부하고 생활하였다. 지금도 청바지를 입긴 하지만 그때 그 시절에 입었던 청바지를 잊을 수 없다.

느티 모여라

수원에서 인천교육대학에 다니는 1학년 여학생이 두 명뿐이었다. 2학년 여학생은 열 명이 넘는데 동기생은 달랑 두 명뿐. 1년 선배인 2학년 언니들이 안쓰러웠는지 1학년 두 명을 언니들 모이는데 끼워주었다. 대학 캠퍼스 잔디밭에 모여서 이야기를 나누기도 하고, 학교 정보도 알려주었다. 입학 후 한동안 유일한 동기생 영선이랑 매일 붙어 다녔다.

점차 학교생활에 익숙해져 가니 각자 친구들과 어울렸다. 그래도 수원팀이라고 불리는 선배들과의 만남은 계속되었다. 언니라는 호칭이 너무 편하고 좋았다. 동생이라서 언니들의 돌봄을 받는 느낌이라 더욱 좋았던 것 같다.

언니들의 동생 사랑은 매우 컸다. 아껴주고 베풀어 주는 사랑의 연속이었다. 특히 영복여고 선배인 용희, 경순 언니의 도움을 많이 받았다. 이런 사랑을 듬뿍 받을 수 있음에 얼마나 고맙고, 감사했는지 모른다. 자칫 외롭고 쓸쓸했을 학교생활이 언니들 덕분에 활기차고 즐거운 학교생활이 되었다.

신입생 동생들에게 첫 미팅을 주선해 준 숙자 언니의 예쁜 미팅 카드(체리)를 기억한다. 또 예쁜 천으로 두 동생들에게 스카프를 만들어 준 계천 언니의 사랑도 느끼며 1학년을 보냈다. 그러던 어느 날, 그냥 수원팀이 아닌 우리만의 팀 이름을 공모했다. 용희 언니의 제안이 채택되어 '느티'모임이 결성되었다. 느티나무처럼 모든 사람들이 편안하게 쉬어갈 수 있는 그런 사람들이 되자고 했던 것 같다. 그때부터 "느티 모여라!" 하면 우린 쏜살같이 달려가 모였다.

1학년 시월 연휴 때 계천 언니의 주선으로 덕유산으로 여행을 떠났다. 완행열차를 타고 김천에 내렸다. 사람이 얼마나 많이 탔는지 출구로 내릴 수 없어 기차 창문으로 내렸다. 배낭을 창밖으로 던지고 창문으로 내렸다. 요즘 아이들이 상상하기 어려운 일들이 그때 그 시절엔 있었던 거다. 의자는커녕, 맨바닥에 겨우 앉아 밤새도록 기차는 달렸다. 맨바닥에 앉아서도 뭐가 그리 좋은지 노래도 부르고, 게임도 하면서 놀았다. 이런 게 젊음인가 생각되었다. 난생처음 선배 언니들 꽁무니 졸졸 따라 덕유산 정상도 오르고 민박도 했다. 주로 계획은 계천 언니가 하고 이끌어 주어 따라가기만 하면 되었다.

1978년 1학년 겨울방학 때, 느티 모임에서 시화전을 한다고 했다. 시를 써본 적 없지만 머리를 쥐어짜 내어 시를 쓰고 경렬이 형의 첨삭 지도를 받아 시화를 만들었다. 모두 학생이라 주머니 사정이 시원찮았다. 수원 중동삼거리 '학다방'을 빌어 하루에 4,000원씩 주기로 하고 사흘간 전시회를 열었다. 교육대학에도 초청장을 보내고 가족과 주변 지인들을 초청했다. 방문하는 사람들이 차를 마시면 다방의 수익이 되니 서로 좋은 것 같았다. 지금은 고인이 되셨지만 아버지께서 둘째 딸의 시화전을 보러 오셨다. 고소한 땅콩을 한 봉지 가득 사 오셨다. 우리 가족 중에서 유일하게 나의 일을 이해하고 지지해 주는 분이 아버지였다. 대학에서 교무처장님과 교수님이 인천에서 수원까지 시화전에 먼 길을 방문해 주셨다.

"너희들이 시화전을 한다니 기특해서 왔네. 방학 동안 딴짓 안 하고, 시를 쓴다고 고민하고 의미 있는 일을 계획하여 행사를 하니 대견하고 고맙다." 교수님의 칭찬을 들으니 어깨가 으쓱해지고 뭔가 착한 일을 한 아이처럼 기분이 좋았다.

2학년 언니들이 졸업하고 학교 현장으로 발령받고 나갔다. 그래도 느티 모이라고 하면 언제든지 모였다. 2학년 겨울방학 때 또 시화전을 열었다. 언니들이 월급도 타니 번듯한 전시실을 빌렸다. 수원 남문 크로바 전시실에서 느티 시화전을 개최하였다. 홍기준 총동문회장님 모시고 전시회 오픈 테이프도 커팅하고 축하 케이크도 잘랐다. 예쁜 한복을 입고 행사를 멋지게 치렀다. 모두 느티 언니들 덕분에 이런 행사도 할 수 있었다. 시화전을 끝내는 날 시화 패널을 떼어내 어느 한 집에 모아두었다. 그리고 느티 회원 모두는 장항선 기차에 몸을 실었다. 목적지는 겨울 바다 동백정 해수욕장이었다. 이십 대 초반의 소녀들이 밤 열차를 타고 겨울 바다를 보러 여행을 떠났다. 가는 기차 안에서 노래를 불렀다. 당시 유행했던 유심초의 〈사랑이여〉를 화음까지 넣어가며 불렀다. 기차 안 누구도 우리들의 노래를 방해하지 않았다. 지금 생각해 보니 참으로 너그러운 승객들이었다.

늦은 밤 도착한 민박집. 방 하나에 열 명이 넘는 소녀들이 다리를 가운데 모으고 둥글게 원을 그리며 누웠다. 여기저기 두런두런 소곤소곤 이야기를 나누다 잠이 들었다. 다음 날 동백정 해수욕장에 도착했다. 겨울이라 아무도 없는 빈 바닷가에 우리 느티 소녀들만 있었다. 모래사장을 망아지처럼 뛰어다녔다. 깔깔 웃으며 사진도 찍었다. 젊음과 정열이 가득한 21살이었다.

동생들 둘도 졸업해 학교 현장에서 교사로 학생들을 가르쳤다. 느티 회원이 하나둘 결혼하기 시작했다. 남편과 자녀가 생겨도 느티는 꾸준히 모였다. 심지어 매년 어버이날 행사로 버스를 대절해 양가 어머니 모시고 온천도 다녀왔다. 대학에서 만난 인연이 가족처럼 지내는 사이가 되었다. 에버랜드, 춘천 청평사, 강촌, 치악산, 도드람산 등 수많은 추억을 함께하며 지냈다. 한동안 너무 바빠서 못 만나기도 했지만 요즘 퇴직 후에 다시 만나고 있다. 사실 나는 동생 입장이라 언니들 속에 끼어야 할지 가끔 망설여지긴 한다. 그래도 난 느티 모임을 매우 사랑한다. 나를 아껴주는 언니들이 있다고 믿기 때문이다. 이십대 초반, 모두가 힘든 시기에 학창시절을 보냈던 서로를 잘 아는 사이이기에 이 모임이 더욱 애틋하다. 이제 자녀들도 거의 독립하고 노년의 삶을 어떻게 살아가야 할지 고민할 시기이다. 기차 안에서 〈사랑이여〉를 잘 부르던 언니들의 환한 얼굴도 자주자주 보고 싶다. 내 생에 가장 아름답던 봄날 중 하나가 느티 모임이라고 감히 말하고 싶다. 그 속에 계천, 용희, 경순, 승광, 은애, 희옥, 선우, 영자, 숙자, 은숙, 인숙 언니와 동기생 영선이가 있다. 내 삶의 기름진 터전이 느티 모임 속에서 만들어졌다는 생각에 늘 고마운 마음이 가득하다.

청파동 언덕을 오르며

    1987년 3월 계절대학 학사과정에 들어갔다. 매주 토요일마다 인천교육대학교에서 출석 수업을 했다. 3세, 5세 아이들과 남편 차를 타고 인천교육대학교에 가서 공부가 끝날 때까지 남편은 아이들과 자유공원, 월미도, 연안부두 등을 다니며 아이들을 돌보았다. 5학기 동안 방학 내내 출석 수업을 하고 1989년 8월에 졸업하였다.

    1989년 9월 숙명여자대학교 교육대학원에 입학했다. 7:1의 경쟁을 뚫고 시험에 합격했다. 합격 통지서를 받고 제일 먼저 시아버님께 알렸다. 나의 학업을 열렬히 지지해 주는 분이다. 남편은 크게 반기지 않는 듯하다. 공부한답시고 가정에 소홀할 것이 예상되기 때문이다. 아들이 7세, 딸이 5세였다. 공부 욕심에 대학원에 입학했지만 가족들에게 미안한 일이었다. 직장에서 한 시간 일찍 조퇴하고 전철을 탄다. 남영역에서 내려 청파동 언덕을 빠른 걸음으로 올라간다. 간단히 저녁을 해결하고 수업에 들어가면 3시간이 금방 지나간다.

돌아오는 차 안에서 눈을 감으면 배운 내용을 강의하라면 할 수 있을 만큼 생생하게 떠올랐다. 밤 11시가 넘어 집에 도착하자마자 잠든 아들의 알림장을 열어본다. 한글을 깨치지 못해 괴발개발 써 온 글을 읽어 숙제를 준비해 준다. 엄마가 문제를 10개 만들어 풀어 오라는 숙제. 아이가 혼자 해결할 수 없는 숙제를 내주다니…. 아침 식사를 준비하며 식탁에 앉혀 숙제를 하게 했다. 파출부가 매일 오긴 했어도 주부가 할 일은 너무 많았다. 남편은 공부하는 내 모습을 안쓰러워하면서도 불만이 많은 듯했다. 바쁜 아내 옆에서 홀로 외로웠을 것이다.

1990년 7월, 대학원 2학기 때 시어머니가 갑자기 세상을 떠났다. 맏며느리라서 시아버지, 시동생 둘, 우리 가족 넷, 일곱 식구가 한집에 살게 되었다. 여자라곤 딸과 나뿐이었다. 너무 힘들 땐 말도 못 하고 이불을 뒤집어쓰고 말없이 눈물을 흘렸다. 대학원 공부 그만두라고 할까 봐 힘들다는 말도 못 했다. 청파동 언덕을 올라갈 때 예쁜 옷 입고 걸어가는 여대생들을 본다. 부러웠다. 그러나 유부녀 직장인이지만 공부하러 올라가는 청파동 언덕은 가파르긴 해도 가는 길이 즐거웠다. 마치 여대생이 된듯했다. 배움의 즐거움이 컸기에 어려운 시간도 견딜 수 있었다. 덕분에 과 톱으로 장학금을 받았다. 중간에 포기하고 싶을 때도 있었는데 장학금을 받으니 한층 더 기운 내서 논문을 준비했다. 이재연 교수님의 지도로 '자기보호 아동의 실태 연구'를 했다. 맞벌이가 늘어나는 사회라서 아동들이 가정에 홀로 방치되는 실태를 알아보는 연구였다. 논문 지도를 받으러 가서 한 시간을 기다려 1분 지도받았다. 혜화동 자택까지 찾아가 지도받은 적도 있다.

컴퓨터가 보편화되지 않아 논문을 작성하는 데 어려움이 있었다. 집 앞 컴퓨터 학원 강사에게 사례금을 주고 워드 작성을 부탁했다. 학원 끝난 시간에 교정 작업 요청으로 함께 작업하다가 밤이 늦는 줄 몰랐다. 학원 셔터를 걷어차는 소리에 나가보니 남편이 와 있었다. 젊은 남자랑 한 공간에서 새벽까지 있으니 버럭 화를 냈다. 서둘러 집에 가서 사과했다. 논문을 못 쓰게 될까 봐 조마조마했다.

늦은 밤 대학원 수업을 마치고 버스, 전철을 놓쳐서 영등포에서 총알택시를 여러 번 타기도 했다. 네 명을 채워 1인당 3,000원씩 받고 신호등도 무시하고 총알같이 종횡무진 달렸다. 무서워 신음 소리를 냈다. 운전사가 오히려 화를 냈다. 두려워서 아무 말도 못 했다. 우여곡절 끝에 논문이 통과되었다.

석사 학위식 옷을 받은 날, 집 앞 사진관에 갔다. 외조 덕에 무사히 졸업하게 되었으니 남편에게 석사학위복을 입혀 기념사진을 찍었다. 남편도 흐뭇해하는 것 같아 기분이 좋았다. 석사학위를 받기까지 학사 공부 2년 반, 석사학위 공부 2년 반, 도합 5년 동안 쉼 없이 달려온 결과였다. 청파동 언덕길을 오르내리며 학업 성취의 꿈을 이루었다. 그때가 35세였다.

청파동 언덕길에는 여대생들을 상대로 한 옷 가게들이 즐비했다. 유부녀 학생이지만 나도 옷 한 벌을 샀다. 대학 때에는 원피스 한번 입어보지 못하고 청바지로 다녔는데 원피스를 사서 입었다. 직장생활을 하니 옷을 살 여력이 되는 것이다.

 딸이 청파동 언덕 위 숙명여자대학교에 진학하게 되었다. 딸의 하숙집을 찾아갔다가 나의 대학생활이 생각나 딸의 옷을 한 벌 사 주었다. 하늘하늘 예쁜 원피스를 사 주었다. 내가 누리지 못했던 것을 딸에게는 해주고 싶었나 보다. 딸은 청파동 언덕을 엄마처럼 오르내리며 열심히 공부하여 장학생이 되었다. 그리고 전산직 공무원에 응시해서 국방부 공무원이 되었다. 준비한 지 반년 만에 공무원 시험 세 군데에 모두 합격했다. 놀랍고 신기하지만 딸은 나름 공부하느라 고생했을 것이다. 딸의 졸업식에 참석하기 위해 청파동 언덕을 올라가면서 모녀가 모두 이곳에서 꿈을 키웠다는 생각을 했다. 딸은 두 아이의 엄마가 되었고, 사무관으로 승진했다.

 청파동 언덕길을 가끔 가보고 싶을 때가 있다. 가파르기도 한데 그 길옆에서 붕어빵 굽던 아저씨, 액세서리를 좌판에 팔던 아주머니, 구둣방, 서점, 옷 가게, 분식점, 우거지갈비탕 집 등으로 붐비던 그 거리가 그리워진다. 밤늦게 대학원 수업을 마치고 집에 가는 전철을 놓칠까 봐 택시를 급히 잡아타고 남영역까지 가기도 했다.

 삼십 대 초반의 나이에 공부하랴, 육아하랴, 살림하랴, 직장 다니랴 정말 정신없이 살던 그 시기에 청파동 언덕을 힘겹게 숨차게 걸어 올라갔던 기억을 해본다. 나의 꿈을 이루기 위해 그 길을 힘차게 걸어갔던 것이다.

3부

아름다운 구속

운명적인 만남

　1980년 11월 어느 날, 초임지 비봉초등학교에서 화성군 지정 연구학교 시범 보고회(삼일정신 얼 계승을 위한 교육)를 하였다. 햇병아리 교사 2년 차 막내인 내게 공개수업을 하라고 했다.
　보고회 임석관으로 교육청 학무과장(현 시아버지)이 내 수업 참관을 했다. 감동적인 수업이라면서 극찬을 해주었다. 내년도 수업 실기에 출전하라고 격려까지 하였다. 격찬과 격려에 어리둥절했다. 정말 내가 수업을 잘하나 하는 착각을 하게 되었다. 다음 해에 용기를 내어 1981년 수업 실기대회에 학교 대표로 출전했다. 예선만 통과하면 좋겠다고 생각하고 열심히 공부하고 준비했다.
　행운의 여신이 내게 내려와 본선까지 통과하여 1등을 하게 되었다. 교직 경력 3년도 안 된 햇병아리 교사가 대선배들과 겨루어 1등을 하다니…. 모두가 놀라고 나 또한 놀랐다.

1등 상을 받은 며칠 후 1982년 1월 6일 학무과장님의 전화를 받고 나간 곳에서 남편을 소개받았다. 학무과장님의 큰아들이었다. 너무 부담스러워 만남이 꺼려졌다. 남편은 아버지가 아닌 자기만 생각하고 만나달라고 하였다. 직장 상사의 아들이기에 만나다 헤어지기도 어려울 것 같아 사귀지도 않고 헤어졌다. 수업 실기 1등 상 인사 우대 특혜로 특지 수원(신곡초등학교)으로 발령이 났다. 수원 집 가까이 학교에 근무하게 되었다.

　그해, 1982년 8월 어느 날. 학무과장님이 또 만나자고 전화가 왔다. 어려운 상사라서 만나고 싶지 않은데 어쩔 수 없이 나갔다. 그곳에서 다시 남편을 만났다. 두 번째 재회였다. 이게 무슨 일이지? 남편은 웃으며 말했다. 가끔씩 내 생각이 났다고…. 그다음 날 출근길에 깜짝 놀랐다. 버스 정류장에 남편이 서 있었다. 내가 타는 버스를 따라 타고 출근했다. 퇴근길 버스 정류장에 남편은 또 서 있었다. 거의 매일 따라다녔다. 마치 스토커 같았다. 사실 외모도 잘생기고 순수한 마음을 지닌 것 같아 호감은 있었지만 부담스러워 거리를 두었는데 이렇게 열정적으로 대시할 줄 몰랐다.

　레스토랑에서 한참 유행하는 엄정행의 〈목련화〉를 불러주었다. 테너 가수 못지않게 노래를 잘했다. 무직인 상태에서 나를 만났는데 취직을 하고 다시 나타났다. 첫 월급을 타서 내게 예쁜 속옷도 선물하고 맛있는 음식도 사주었다. 세련되지 않은 수수한 나를 좋아하는 사람이 있다는 것이 내가 생각해도 신기했다. 남편의 정성에 감동하여 결혼을 결정했다. 결혼하면 얼마나 잘해줄까 기대도 했다.

1983년 1월 22일 수원시 고등동 성당에서 결혼식을 올렸다. 남편만 신자라서 관면혼배를 했다. 엄동설한이라 난방이 안 된 성당은 무척 추웠다. 석유난로를 피워놓았다. 주례는 '김정원' 신부님이다. 증인으로 선배 은숙 언니가 해주었다. 웨딩드레스는 장웅범 선생님 사모님이 만든 드레스를 입었다. 빌려 입은 터라 크기가 작아 조금씩 덧대어 늘렸다. 신부화장 값으로 2만 원 사용한 것이 결혼비용 전부다. 정말 돈을 안 쓰고 결혼식을 했던 것 같다. 제주도로 3박4일 신혼여행을 갔다. 대부분은 온천으로 가던 시절이었는데 비행기를 타고 갔으니 호강스러운 신혼여행이었다.

열렬히 구애하고 따라다녔기에 남편이 잘해줄 것으로 기대했다. 그런데 웬걸? 남편은 나를 조금씩 구속하기 시작했다. 조금 늦게 퇴근하거나 마음에 안 드는 일이 있으면 삐지고 말을 안 했다. 대화를 하기 위해 저녁마다 하루 종일 일하며 있었던 이야기를 한 가지씩 하기로 했다.

1년의 시간을 사귀었으나 서로를 이해하고 소통하기엔 많이 부족하였다. 결혼했으니 내 선택에 책임을 져야 한다고 생각했다. 결혼생활이 힘들다고 친정으로 쪼르르 달려가긴 싫었다. 이미 와버린 내 운명을 나 스스로 슬기롭게 개척해야겠다고 다짐했다.

직장생활보다 가정생활을 더 중요시하는 남편이었다. 초등교육을 잘하기 위한 활동에 적극적인 내게 가정생활까지 잘하기는 매우 힘든 일이었다. 서툰 육아와 가사가 어렵고 힘들었다. 직장생활 외에 다른 활동을 할 수가 없었다. 결혼이라는 프레임이 자유분방했던 나의 생활을 구속하는 것 같았다. 지나친 관심과 사랑이 오히려 구속일 수 있음을 알게 되었다.

결혼이 서로에게 아름다운 구속이 되었다. 노래를 좋아하는 남편과 노래방에 갈 때가 종종 있다. 신청곡을 불러 준다고 할 때마다 나는 〈아름다운 구속〉이란 노래를 신청했다. 가사와는 조금 다르지만 나의 결혼생활이 무지갯빛이 아니고, 아름답게 구속받으며 사는 것처럼 생각되었다. 결혼이 서로에게 구속이 되긴 하였지만, 함께 조화를 이루며 가정을 이끌어 나가려고 노력했던 것 같다. 서로 다른 생각, 가치관 등을 다듬어 한 방향으로 나아가려고 했다. 서로 다른 성장 배경이 결코 같은 가치관을 가질 순 없지만 대화를 통해 이해하고 양보하며 가정을 이끌어 가려고 했다.

사랑의 분신들

1983년 10월 7일 첫째 아들이 태어났다

　밤늦게까지 근무하고 퇴근한 날, 자정부터 진통이 왔다. 9개월도 채 안 되어 2.5㎏ 아들이 세상에 나왔다. 태아가 거꾸로 있어서 발부터 빠져나오는 위험한 순간을 잘 넘겼다. 너무 미숙아라서 수술을 안 한다고 했다.

　수원 빈센트 병원에서 재동이는 태어났다. 간 기능이 안 좋아 황달로 인해 인큐베이터에 들어갔다. 몸무게는 2.2㎏으로 줄었다. 젖병을 빨 기운이 없어 조금씩 한 시간 동안 먹었다. 살이 없어 얼굴이 쭈글쭈글 수수깡 도사처럼 생겼다. 눈만 동글하게 컸다. 친정어머니는 외손자가 걱정되어 매일매일 병원을 찾아 간호사들에게 음료수를 사다 주며 젖을 자주 먹여달라고 간곡히 부탁하곤 하였다.

임신한 줄 모르고 6학년 담임을 맡았다. 교육부 지정 영어 특활교육 지정 학교의 연구팀으로 바쁘게 지냈다. 교실이 5층이라 계단 오르내리는 것도 힘들었다. 거꾸로 있다고 해서 체위 조정 훈련도 하고, 정상으로 돌려준다는 소문난 병원, 조산소를 찾아다니며 태아를 돌려보려고 했으나 소용없었다. 태아가 꽉 끼어 있어 돌아가지 않았다. 수술을 해야 한다는 의사의 말을 들었다. 매일 기도하며 아기가 무사히 잘 태어나게 해달라고 빌었다. 예정일보다 한 달 이상 일찍 출산하게 되어 온 가족들이 놀랐다.

용이 승천하는 태몽을 꾸고 태어난 아들은 친가와 외가의 관심과 사랑을 듬뿍 받았다. 아기는 21일간 입원 후 퇴원해서 집으로 데려왔다. 가습기를 설치하고 위생에 신경을 썼다. 정상아가 아니었기에 걱정을 하는 사람들이 많았다. 남편은 10년간 피웠던 담배를 끊었다. 대단한 결심을 아들을 위해 결행하였다. 30세에 금연한 후로 지금까지 담배를 피우지 않는다. 재동이가 남편의 건강을 지켜준 수호신 같다. 얼마나 다행인가?

친정어머니가 백일 때까지 아들을 길러주었다. 백일 때 7.5kg이 되어 모두를 놀라게 했다. 친정어머니의 정성으로 아들은 정상아로 자라기 시작했다. 특히 시아버지의 손자 사랑은 지극했다. 손자가 너무 예뻐 매일 보러 왔다. 너무 작아서 걱정인데 시아버지는 그마저도 예쁘고 좋다고 하였다. 첫 손자에 대한 기대감, 사랑이 아들을 무럭무럭 잘 자라게 하였다.

집 근처에 직장이 있어 점심시간에 달려와 모유를 먹이고 급히 점심을 먹었다. 15개월까지 수유하였다. 이유식, 모유, 우유 다 잘 먹어서 다행이었다. 육아 휴직제도가 없던 때라 파출부, 가정부 등을 고용해서 양육 도움을 받았다. 산가도 60일인데 그마저도 관리자의 눈치를 보고 휴가를 낼 정도로 어려운 분위기였다. 산가 시작 전에 조산을 했다고 산후 30일만 산가를 내주었다. 지금 같았으면 그 관리자는 비난의 대상이었을 거다. 그 당시에 여교사 처우는 너무 열악했다. 여교사는 출산하는 게 마치 죄인인 듯 미안해하고 관리자(교감, 교장)의 눈치를 보는 분위기였다. 한 달 산가를 더 내달라고 관리자들을 찾아다니며 간곡히 부탁하여 겨우 허가를 받았다. 상상하기 힘든 일들을 겪으며 출산을 했다. 내가 관리자 되었을 때, 산가를 신청하는 교원들에게 최선을 다해 지원해 주었다. 나의 아픔이 생각나서 더욱 잘해주고 싶었다.

재동이는 친정 큰오빠가 이름을 지어주었다. 부르기 편하고 듣고 기억하기 좋은 이름이었다.

성격이 낙천적이라 급한 게 없는 편이다. 그 성격 그대로 잘 성장해 주었다. 공부를 즐기지는 않지만 좋은 아빠가 되는 게 본인의 꿈이라고 말한다. 결혼하고 정말 좋은 아빠가 되려고 노력하는 모습이 아름답다. 두 아들의 아빠로 행복한 가정을 꾸리며 사는 아들이 대견하고 고맙다.

1985년 11월 27일 둘째 딸이 태어났다

아들 출산 후 돌이 지났을 때 기관지염으로 두 달 동안 입원하였다. 아들 육아 돌보미가 꽃을 한 아름 따서 내게 주는 태몽 꿈을 꾸었다고 한다. 꽃이라서 딸인가 보다. 역시 또 거꾸로 있어서 목숨 걸고 발부터 낳았다. 마침 동생이 수원 빈센트 병원 산실에서 근무하는 시간에 가서 수술 안 하고 잘 낳았다. 산부인과 의사는 수술 날짜를 잡아주었는데, 수술 안 하고 출산하게 되어 다행이었다. 한밤중에 진통이 오는 내게 산실 간호사인 동생은 수술이 아닌 자연 분만을 하도록 유도했다. 동생 덕분에 목숨 걸고 거꾸로 발부터 딸을 낳았다. 나중에 담당 의사가 와서 매우 위험한 출산을 했다고 말했다. 거꾸로 있는 태아가 발을 꼬고 있어서 매우 위험한 상태였다고 한다. 다행히 아기는 세상으로 잘 나왔다. 혜경이가 이렇게 태어났다. 모두 동생 덕분이라 생각된다.

태아가 거꾸로 있어서 순산하게 해달라고 매일 돌아가신 시할머니 영정 앞에서 기도했다. 기도에 응답해 준 것 같았다. 2.9kg으로 정상에 가까워 더욱 감사했다. 시할아버지와 함께 살면서 두 아이를 길러 줄 가정부 할머니를 두었다. 두 아이가 초등학생이 될 때까지 육아 돌보미가 16명 바뀌며 지나갔다. 아이들한테 정말 미안한 마음이다. 육아휴직이 없던 시절 아이들을 키우며 직장을 다니는 부모들의 어려움이 매우 컸다. "엄마 학교 끊어…." 하며 칭얼대던 딸의 목소리가 지금도 들리는 듯하다. 엄마의 손길이 필요한 때에 직장에 다니며, 공부한다고 진학을 했으니 두 아이는 늘 엄마를 기다리고 그리워했을 것이다. 공부에 대한 욕심이 많았다. 초급대학을 졸업했기에 부족한 학력을 더 채우고 싶어 했다. 그 피해가 고스란히 두 아이들에게 갔다. 두 아이는 초등학교 입학할 때까지 한글을 깨치지 못했다. 그 영향으로 학교 공부를 따라가는 데 힘들었다. 두 아이를 제대로 가르치지 못하며 바쁘게 지낸 시간이 후회되었다. 아이들이 중학생이 되었을 때 직장을 그만두고 살림과 자녀교육에 전념하고 싶었다. 그 순간 오히려 아이들이 반대했다. '엄마가 좋아하는 교직을 그만두지 말라고…' 코끝이 찡했다. 아이들이 어느새 자라 엄마를 이해해 주려고 하는 모습에 가슴이 뿌듯했다. 엄마가 교육자로서 열심히 산다는 것을 두 아이는 느끼고 알 정도로 성장해 있었다. 정말 고맙고 감사하게 두 아이는 바르게 자라주었다.

아들이 고등학교 1학년 때 느닷없이 웅변대회에 나가겠다고 했다. 효 관련 웅변 원고를 준비해 연습하더니 교내대회에서 최우수를 했다. 학교 대표로 웅변대회에 출전해 금상을 받았다. 그 후에도 여러 웅변대회에 출전해 상을 받았다. 학교 공부 시간에 나가는 대회라서 학습에 지장이 많았다. '한 가지만 잘해도 대학을 갈 수 있다'고 한 어느 교육부 장관의 말에 아들은 솔깃해하였다. 계속 웅변을 하고 싶어 하는 것을 설득해 그만두게 하였다. 좋은 경험을 한 것으로 생각하고 공부에 전념하라고 하였다. 아들은 아쉬워했지만 웅변은 고등학교 1

학년 때만 해보고 접었다. 웅변을 한 경험은 훗날 아들이 대학교 총학생회장에 출마하고 당선되어 활동하는 데 큰 도움이 되었다.

딸이 여섯 살 때 12월, 겨울에 딸이 갑자기 사라졌다. 겨울방학을 앞둔 전날이었다. 딸을 찾으러 온 동네를 찾아다녔다. 노적봉 산 밑을 찾아보고, 아파트 지하실을 뒤지고, 아파트 방송을 해도 딸은 보이지 않았다. 어둠이 내린 아파트 주차장을 내려다보며 누군가 자동차 트렁크에 딸을 감춘 것 같았다. 울면서 딸의 이름을 불렀으나 어느 곳에도 딸은 없었다.

분명 유괴라 생각했다. 우리에게 원한 관계에 있는 사람들을 생각해 보고 또 해봐도 없었다. 날이 밝으면 녹음되는 전화기를 사야겠다. 그리고 유괴범의 목소리를 녹음해야겠다 생각했다. 딸을 찾으러 나가려면 아들을 돌봐줄 사람이 필요해서 친정 부모님에게 연락했다. 놀라서 통곡하며 친정 부모님이 수원에서 안산으로 달려왔.

이제 나는 사표 내고 딸 찾으러 가야 한다고 생각했다. 아침에 시동생(안기웅)이 출근한 지 얼마 안 되어 경비실을 통해 인터폰이 울렸다.

"형수님, 혜경이 왔어요!"

남편과 나는 맨발로 엘리베이터까지 뛰어나갔다. 문이 열리자 시동생이 딸을 안고 서 있었다. 얼싸안고 엉엉 울었다. 죽었다고 생각한 딸이 버젓이 살아 돌아왔으니 얼마나 기뻤는지….

딸을 안고 몸을 살펴보았다. 아무 이상이 없어 보였다. 딸은 아무 일도 없었다는 듯이 친구 집에서 자고 싶어 그냥 잤다고 한다. 집에 엄마가 없으니 외로워 친구 집에서 자고 싶었나 보다. 그 친구 부모도 식당을 운영하느라 아이들끼리 잠을 자는 가정이었다. 아파트 방송을 아무리 해도 아이들끼리 있는 집에서 방송 소리도 못 듣고 자기들끼리 놀았던 것이다. 얼마나 다행인지 모른다. '누군가 유괴를 했으면 어찌했을까?' 자고 온 집에 찾아가니, 그 집 부모도 밤늦게 귀가해서 자고 있는 낯선 아이를 보았지만 일해주는 할머니 손녀라고 생각했다 한다. 아침에 일어나 TV 보는 딸애를 집에 가라고 했다고 한다. 밤새 찾고 난리법석을 떨었는데 딸은 아무 생각 없이 잘 놀고 잘 자고 집에 돌아왔다. 정말 다행이다. 가슴을 쓸어내렸다. 내 자식을 잘 돌보지 못하면서 남의 자식 가르치러 직장에 나가는 게 맞나 싶었다.

딸은 어려서부터 왜소하고 약했다. 우선 밥을 먹으려 하지 않았다, 키가 작아서 중학교 1학년 때 1번, 2학년 때 2번이었다. 중학교 3학년에서 고등학교로 넘어가는 시기에 다행히도 키가 좀 자랐다, 보약을 한 제 먹이니 밥도 잘 먹고 건강해졌다. 고등학교 1학년 때 스스로 태권도를 시작했다. 3학년 되기까지 태권도 2단을 땄다. 스스로 태권도 도복을 매일 세탁해 등굣길에 들고 갔다. 힘들어서 중도에 그만둘 줄 알았는데 끈질기게 운동을 하러 갔다. 그 덕분에 공부하는 체력을 기른 것 같다. 공부하면서 힘들다고 한 적이 거의 없었다. 체력이 길러지니 강단 있게 공부하는 것 같았다. 엄마의 돌봄이 부족했는데도 알아서 자기 인생을 개척해 나가는 모습이 대견하기만 하다.

둥지를 옮겨 가며

1983년 1월 수원 세류동 삼거리 공우 아파트에서 신혼 생활을 시작했다. 17평 아파트인데 방이 둘, 거실, 부엌이 단순하면서도 살기 편하게 배치되어 있었다. 700만 원에 구입하였다. 신혼에 15평 연립을 전세로 얻는 경우가 대부분인데 시부모의 도움으로 작은 아파트지만 내 이름으로 구입했다. 며느리 명의로 하는 건 쉬운 일이 아니다. 그만큼 시부모님은 며느리를 신뢰하고 사랑해 주었다. 맏며느리가 가족으로 잘 동화되어 살아가길 바라는 마음이 컸다고 본다.

알뜰하게 살림하며 계를 들어 300만 원을 모았다. 큰 형부가 이자를 월 7만 5,000원을 주어 그 돈으로 육아 비용으로 사용하였다. 월급을 타면 시부모, 시조부모에게 용돈을 드리고, 시동생들에게도 용돈을 주었다. 시흥시 군자면 거모리에 사는 시조부모를 한 달에 한 번 찾아뵈었다. 수원에서 군자까지 가려면 세 번 차를 갈아타야 갈 수 있었다. 방학 때는 시조부모 시골집에서 일주일씩 휴가를 보냈다. 시조부모님의 사랑을 듬뿍 받은 시간이었다. 증손자(아들)를 데리고 가면 너무 기뻐하였다.

1985년 3월 수원에서 안산 원곡동 성환 연립으로 갑자기 이사했다. 85세 시할머니가 편찮아 장손인 우리가 모셔야 했다. 시아버지는 미안해했다. 28평 연립도 내 명의로 샀다. 남편은 본인 부동산이 없다고 섭섭해하는 듯했다. 그래서 곗돈을 타서 프레스토 자가용을 한 대 샀다. 남편 재산 목록 1호였다. 아침저녁 남편은 새 차를 쓸고 닦았다. 우리가 사는 성환 연립에 자가용을 보유한 가정이 두 집뿐이었다. 1980년대는 자가용이 있는 집이 별로 없어서 주차장 걱정이 없었다.

시할머니는 노환이 깊어져 식사도 못 하고 대변도 손가락으로 파드려야 했다. 기력을 회복시켜 드리려고 소 위(양)를 사다 다져서 중탕을 해 우러나온 뽀얀 국물을 먹여드렸다. 장염으로 한번 무너진 건강은 도저히 회복을 못 하고 자리에서 일어나지 못하였다.

1985년 7월 28일 시할머니가 세상을 떠났다. 손자며느리를 많이 사랑해 주었는데 슬퍼서 통곡하였다. 할머니를 기억하며 100일 동안 상식을 올려드렸다. 둘째를 임신한 상태라 장례일에서 제외했다. 당시 교통이 안 좋아 안산에서 수원 직장까지 왕복 여섯 번을 갈아타며 출퇴근하였다. 28세의 젊음이 그 모든 것을 이겨내게 해주었으나 몸은 점점 야위어 갔다. 친정아버지께서 안산 우리 집에 오셨다가 마른 내 모습을 보고 무척 안타까워하셨다. 딸자식이 기관지염으로 고생할 때, 친정아버지는 수세미 물을 짜서 매번 갖다주셨다. 부모님의 사랑을 어찌 다 헤아릴까?

1987년 8월 시할아버지가 87세로 별세하였다. 시할아버지는 증손자(재동, 혜경) 둘을 업어주고 안아주며 사랑해 주었는데…. 유독 손자며느리를 아껴주었다. 시할아버지는 규모 있게 살림을 잘하는 분이었다. 80세가 넘도록 농사를 짓던 분이 집에만 있으니 쇠약해져 갔다. 술을 즐기고 가족을 위해 헌신하였다. 시할아버지의 큰 사랑을 받았기에 많이 울었다. 손자며느리를 사랑해 주시는 마음이 느껴져서 눈물이 끝도 없이 흘러내렸다. 장례를 치르고 난 후, 할아버지의 빈방이 너무 허전했다. 직장(학교) 근처로 이사하기로 했다.

1987년 12월 안산 성포동 예술인 아파트로 이사했다. 육아 돌보미가 상주하여 도움을 주었다. 편입한 학사과정을 공부하느라 토요일과 방학 없이 바쁘게 지냈다. 재동이가 예술인 유치원에 입학하였다. 바쁜 엄마가 제대로 돌보아 주지 않아 한글도 깨치지 못한 채 성포초등학교에 입학하였다. 첫째라서 그런지 매번 입학 때마다 콧등이 시큰거리며 눈물이 났다. 재동이가 1학년 때 시어머니가 학교 청소를 하러 갔다. 안산교육장 사모님이 학교에 왔다고 무척 부담스러워했다고 한다. 소풍도 데리고 가주었다. 그런데 청천벽력 같은 소식에 눈앞이 캄캄해졌다.

1990년 5월 시어머니가 췌장암 말기를 선고받고 그해 7월 27일에 별세하셨다. 내 나이 겨우 32세였다. 8세, 6세 아이 둘, 시아버지, 시동생 둘, 남편 해서 일곱 식구가 함께 살게 되었다.

  1990년 8월 예술인 아파트로 이사했다. 시어머니가 돌아가셔서 시댁 식구들을 돌봐야 해서 시아버님 집으로 이사했다. 사실 시아버님은 이사 들어오는 것을 원치 않았다. 내가 직장 다니며 대학원 공부하면서 두 집 살림하는 게 너무 힘들어서 시아버님 출장 중에 이사를 들어갔다. 35평이지만 일곱 식구가 거주하기엔 비좁았다. 짐을 둘 곳이 없어 식탁, 전축 등은 작은 시고모 댁에 보관했다. 베란다는 짐으로 발 디딜 틈이 없었다. 그 상황에도 서울로 야간 대학원을 다녔다. 너무 힘들어서 포기하고 싶었다. 그러나 시아버지께서 끝까지 마쳐야 한다고 격려해 주어 힘을 내어 대학원을 졸업했다.

  좁은 집을 탈피하기 위해 1995년 7월 본오동 신안아파트로 옮겼다. 재동이가 4학년, 혜경이가 2학년. 성포초등학교가 근무지라 아이들을 태우고 스텔라 수동 차를 운전하며 출근했다. 방이 다섯 개. 시부모와 시동생이 함께 살아야 해서 큰 집을 분양받았는데, 입주 때에는 시아버지, 시동생들이 독립하는 바람에 네 식구만 살게 되었다. 두 아이가 초등, 중, 고등학교를 마칠 즈음, 전문직(장학사)이 되어 화성 교육청으로 출근하게 되었다.

  2005년 10월 용인시 구갈동 한라비발디로 옮겼다. 52평 아파트였다. 집 근처에 절이 있고 산이 있어 공기가 맑고 좋았다. 아들은 군 복무 중이었다. 대학생 딸은 서울 학교 다니기 불편하다고 학교 근처에서 하숙을 시작했다. 아침이면 찬란하게 햇살이 비치는 거실에 앉아 있노라면 세상 부러울 것 없이 행복했다. 첫 휴가 오는 아들이 헤매고 집을 찾아오는 해프닝도 있었지만 이곳에서 4년 정도 살았다. 같은 아파트 주민들, 특히 성당 교우들과 친밀하게 교류하고 지냈다. 내 생애 가장 럭셔리한 집으로 기억된다.

  2009년 8월 교감 전보로 안산으로 발령이 났다. 본오동 우성 아파트를 구입했다. 이곳에서 딸, 아들을 결혼시켰다. 남향으로 전망이 훤해서 개인적으로 좋아하는 집이다. 주방 창밖을 내다보면 상록초등학교가 내려다보인다. 수업 시작종 소리, 아이들의 리코더 연주 소리, 축구공을 차며 지르는 함성들, 아이들의 소리들이 정겹고 좋은 것은 나의 직업이 교직이었다는 것을 일깨워 주는 것 같다.

  늘 바쁘다는 핑계로 정리가 덜 된 채로 편하게 현재까지 잘 살고 있다. 가끔 시고모 수녀님이 휴가 오시면 정리를 해주곤 했다. 20년 이상 오래된 아파트이지만 입지 조건이 좋은 아파트이다. 전철역도 가깝고 병원, 식당, 마트가 주변에 있어 살기 편리한 곳이다. 새 아파트로 가고 싶은 열망이 있지만 남편은 이 집을 너무 좋아한다. 리모델링도 안 하면서 그냥 오래 살고 싶어 한다.

  결혼 후 둥지를 옮겨가며 40년 넘게 살아온 내 삶의 둥지들. 이곳에서 자녀들을 기르고, 결혼시키며 오늘에 이르고 있다. 이제 나의 둥지에 함께 살던 아들과 딸은 짝을 찾아 새 둥지를 꾸미고 떠나갔다. 공우 아파트, 성환연립, 예술인 아파트, 신안아파트, 한라비발디아파트, 우성아파트가 내 삶의 둥지들이다. 17평에서 시작하여 조금씩 집 평수가 늘어났다. 그곳에서 웃고 울며 꿈과 행복을 키워갔다.

꿈동이 탄생

    2012년 딸 혜경이가 결혼했다. 대학 4학년 때 7급 공무원시험에 합격, 국방부 전산원에 임용되었다. 지방직 9급(용인시청), 국가직 9급(국세청)도 합격하는 등 가족들을 놀라게 했다. 같은 7급 일반직 사위(O영준)와 인연이 되어 국방회관에서 식을 올리고 현충원 사택에서 신혼생활을 시작했다.

    2013년 3월, 첫 외손자 건우가 태어났다. 얼마나 기쁘고 감사한지, 제왕절개로 산모는 고생했지만 아기는 건강했다. 외할머니가 된다는 게 얼마나 신기한 일인지, 매주 일요일 새벽에 서울 딸네 집에 올라갔다. 손자가 보고 싶어 만사 제쳐두고 남편이랑 갔다. 건우는 자라면서 손재주가 있어 종이접기를 참 잘했다. 온갖 물건을 종이로 접어주었다. 기하학적인 두뇌가 발달한 것으로 보인다. 지금은 초등학교 6학년으로 제법 어른스러워졌다.

2016년 8월 둘째 외손자 현우가 태어났다. 유난히 곱슬이 심한 머리로 가마가 2개나 된다. 어린이집이나 학교에서는 모범생인데 집에서는 심술도 부리고 엄마에게 어리광이다. 외할머니랑 함께 자는 것을 좋아한다. 심지어 할머니 가슴을 만지며 잔다. 책을 많이 읽어 아는 게 많고 질문이 많은 손자다. 할머니의 사랑을 늘 확인한다. 성당에서는 수녀님, 신부님의 귀여움을 독차지한다고 했다. 초등학교 3학년인데 엄마의 돌봄이 필요해 딸이 2학년까지 육아휴직하고 돌보다 금년 3월 복직했다.

2014년 5월 아들 재동이가 결혼했다. 대학 교직원 워크숍에서 며느리(○엄지)를 만나 인연이 되었다. 2015년 첫 친손자 준민이가 태어났다. 이목구비가 뚜렷하고 잘생긴 아기가 태어났다. 목욕통에서 둥둥 떠다니며 헤엄치는 아기였다. 지금 초등학교 4학년인데 수영을 잘한다. 성격이 유순하고 착하며 동생을 아끼고 잘 돌본다. 형제애가 돈독해서 별로 싸우지 않고 잘 지낸다. 성실해서 자기 할 일을 스스로 잘한다. 가족들과 게임을 즐기고 춤도 잘 춘다. 할머니와 함께 자는 것을 매우 좋아한다.

2018년 8월 둘째 친손자 준건이가 태어났다. 어려서부터 독립적인 행동을 하는 편이다. 혼자 밥을 먹으려 하고 매사 스스로 해결해 보려는 의지가 강하다. 조잘조잘 말을 형보다 더 잘한다. 조리 있게 따져 말할 땐 말문이 막힐 때도 있다. 지금은 여덟 살인데 1학년에 입학하고 학교생활을 즐겁게 하는 모습이 귀엽고 대견하다. 한자공부를 잘하고 수학도 곧잘 한다. 가족들이 모이면 댄스에 소질이 있어 공연을 자주 한다. 축구, 수영을 배우며 건강하게 자라니 고맙고 감사하다.

손자가 넷이나 되니 참으로 복이 많은 할머니다. 손자들이 집에 오는 날이면 우당탕탕 난리법석을 떨어 정신이 없지만 너무 사랑스럽다. 손자들이 좋아하는 음식을 만들고 기다린다. 아들 며느리, 딸 사위가 자녀들을 잘 키우려는 마음이 예쁘고 고맙다. 저출산 시대에 둘씩 아이들을 낳았으니 말이다. 기를 때 힘들지만 웃음과 기쁨을 주는 보석 같은 손자들이다. 손자들이 자라는 모습 보며 오래오래 살고 싶은 욕심이 생긴다.

할머니가 교장선생님을 했다는 사실이 손자들에겐 무척 자랑스러운가 보다. 학교 가서도 자랑을 한다고 한다. 집에 오면 선생님이라고 부르며 학교놀이를 하자고 조른다. 손자들과 게임도 하고 수학, 국어, 영어, 과학, 역사 수업을 하기도 한다. 수업이라기보다는 퀴즈 수준으로 짧게 공부하고 쉬는 시간 종을 치기도 한다. 이 시기가 아니면 언제 이 손자들과 놀 수 있을까? 정말 즐거운 비명이라도 지르고 싶을 정도로 손자들과의 시간이 재미있고 즐겁다.

자기역사쓰기를 하면서 손자들에게 할머니 세대의 이야기들을, 할머니의 어린 시절을 공유해 보고 싶다. 물론 현대의 아이들이 이해하기 힘들겠지만 오늘이 있기까지 부모, 조부모, 조상님들의 노력과 헌신이 있었다는 이야기를 해주고 싶다. 손자들이 집에 오면 옛 앨범을 꺼내 사진을 보곤 한다. 고조부모님, 증조부모님, 조부모님, 부모와 고모들, 가족들의 어린 시절 사진을 보며 대화를 많이 한다. 특히 아빠나 엄마의 어린 시절 사진에 관심이 많은 것 같다. 조상 없는 후손 없으니 가족과 조상들에 대한 교육은 필요한 것 같다.

　먼 훗날, 내가 쓴 자기역사도 손자들에게 옛 얘기를 보듯이 펼쳐보고 함께했던 추억을 회상하며 그리워할 것이다. 하늘에서 손자들의 모습을 내려다볼 수 있을 것 같다.

아름다운 구속

🌼 남편과 함께

시아버지의 주선으로 남편을 만나게 되었다. 당시 장학관인 시아버지가 부담스러워 교제를 하고 싶지 않았다. 남편은 아버지 아닌 본인만 생각하고 만남을 갖자고 하였다. 인륜지 대사인 결혼을 전제로 남편을 만나면서 진실된 사랑을 느꼈다.

매일 아침 출근하는 버스 정류장에 남편이 서 있었다. 퇴근하는 버스 정류장에도 남편은 와 있었다. 이렇게 남편과의 만남은 계속되었다. '이 남자가 정말 나를 좋아하는구나' 생각했다. 결혼하면 나를 편안하게 해줄 거라는 믿음이 생겼다. 그래서 결혼을 결심했다.

나의 기대와는 다르게 결혼 후 남편의 아름다운 구속은 시작되었다. 나는 학창시절 활발하게 활동하던 성격이었는데, 남편은 가정이라는 테두리 안에서 생활하기를 바라는 것 같아 처음엔 답답하고 힘들었다. 자녀들이 생기고 정신없이 살았다. 직장 일 욕심이 많은 나는 가정일에 소홀할 때가 많았다. 그때마다 남편은 "직장이 먼저야, 가정이 먼저야?" 물었다. "가정이 먼저지!"라고 말했지만 직장도 내게 소중한 곳이었다. 직장에서 나의 존재감은 매우 컸다. 업무 성취감으로 힘든 피곤함도 잊었다. 남편이 직장을 그만두라고 할까 봐 대들지도 따지지도 못하고 살았다.

가정의 평화 없이 직장생활을 잘할 수 없다는 생각을 했다. 성당에서 결혼했으니 종교적으로 늘 기도하고 배우자를 위해 헌신하는 가정생활을 꿈꾸었다. 그러나 성당에서 결혼하자고 강하게 주장했던 남편은 삐지기를 잘했다. 무언가 마음에 안 들면 밥도 안 먹고 말도 안 한다. 영문을 몰라 물어도 대답도 안 한다. 이유를 알 수 없어 답답한 시간 동안 속이 상하지만 나까지 화낼 수 없는 노릇이다. 수없이 편지를 써서 내 마음을 전하기도 했다. 답장 한번 없는 편지를 참으로 많이 썼다.

요즈음은 남편이 삐져도 속상하지 않다. 원래 삐지는 성격이니 그대로 인정하고 풀릴 때까지 기다린다. 시간이 지나면 저절로 풀린다. 그것을 모르고 그때는 마음 고생을 많이 했던 것 같다.

과묵한 성격으로 가정에서 별 말이 없는 남편과 대화하기 위해 무던히도 애를 썼다.

표현력이 없는 남편이지만 마음 깊숙이 아내를 사랑하는 마음이 진실되게 느껴지긴 했지만 답답할 때가 많았다. 어떤 생각을 하는지 잘 모를 때가 많았다. 여자는 남자와 다르다는 편견이 있는 듯했다. 남자의 권위 아래 여자는 따라주며 살아야 한다는 의식이 있는 듯했다. 매사 남편의 의견을 존중하고 남편이 싫어하는 일은 가능한 한 하지 않으려고 했다. 그래서 크게 다투는 일 없이 비교적 화목하게 살아온 편이다.

이제 칠십이 넘어 그 많던 머리숱이 빠지고, 가늘고 하얀 머리카락 몇 가닥만 남아 가발을 맞춰 써야겠다고 입버릇처럼 말하지만 정작 실행에 옮기지는 못하는 남편이다. 대머리를 감추느라 베레모 모자를 수십 개씩 사들인다. 베레모 쓴 모습이 멋있다고 말해주며 위로해 주면 좋아한다. 가장의 권위와 위엄으로 무장했던 남편이 갑자기 측은해 보였다. 그 많던 머리숱이 남편의 근엄한 권위였는데….

비록 아름다운 구속을 받은 듯 살았지만, 내가 갑상샘암으로 수술대에 오를 때, 공황장애로 정신과 치료를 받게 되었을 때에 남편은 무척 가슴 아파했다. 마치 자기 때문에 아내가 아프게 되었나 미안해하기도 했다. 병원 치료차 가야 할 때는 만사 제쳐두고 운전을 해주고 데리고 가주는 남편. 무뚝뚝한 것 같지만 마음속 깊이 아내를 아끼는 마음이 느껴진다.

늘 든든하게 아내의 어려움을 해결해 주고 지원해 주는 구원 투수였다는 생각이 든다. 일편단심 아내에 대한 마음은 40년 넘게 살면서 변함이 없다. 정말 감사한 마음이다. 아름다운 구속을 받으며 살아왔다고 생각했는데 되돌아보니 나에게 아름다운 사랑을 듬뿍 안겨준 남편이라는 것을 깨닫게 해준다.

영부인감, 영부인이 되다

　초등학교 5학년 학예회 때 '새로 나온 달님'을 동극으로 무대에 올렸다. 2월에 공연할 예정이라서 1월 내내 배역 맡은 친구들이 모여 연습을 하였다. 주인공도 아닌 조연으로 출연하게 되었다. 첫 장면에 의사가 왕진 가방을 들고 무대에 나올 때 따라 나오는 간호사 역할이었다. 대사 하나 없는 역할이었지만 무대에 오른다는 기쁨에 매일 학교에 가서 연습을 하였다.

　추운 날씨에 난방이라고는 조개탄 난로였다. 어린아이들이 방학에 연습하러 오는 게 기특해 보였는지 학교 시설 주무관님이 난로를 곧잘 피워주었다. 따뜻한 난로 주변에 모여 이야기꽃을 피우기도 했다. 우리들 이름도 다정히 불러주시곤 했다.

　어느 날 시설 주무관님이 난로를 피워주시고 가시며 내게 한마디 던지셨다.

"우리 명희는 영부인감이야."

영부인감이라니, 그 당시 육영수 영부인이 품위 있게 온 국민의 존경을 받고 있었다. 육영수 영부인만 영부인이라고 생각했는데 영부인감이라니, 나의 작은 가슴이 울렁이기 시작했다. '나의 남편 될 사람은 대통령이 되겠구나'라는 생각을 했었다.

결혼했으나 남편은 대통령이 될 기색이 전혀 없었다. 대통령은커녕 시의원도 될 가망이 없었다. 가슴 한편에 영부인감이라는 말이 자꾸 맴돌았다. 영부인감이라고 했는데….

삼십 대 후반 어느 날 남편이 내게 명함판 사진 한 장을 달라고 하였다. 용도를 물으니 로터리클럽에 가입했는데 부인의 사진도 내야 한다고 했다. 그리고 회원의 부인을 '영부인'이라고 한다나? 세상에나, 이 영부인 감이었구나!

남편에게 명함 사진 한 장을 주면서 한참이나 웃었다. 어린 시절 이야기를 들려주면서 영부인감이 로터리클럽 회원 영부인이었단 걸, 아무튼 영부인으로 불리었다. 로터리클럽 모임에 가면 회원 부인을 꼭 영부인으로 지칭하며 불렀다. 대통령 영부인이 되는 줄 알고 꿈을 꾸었지만 로터리클럽 회원 영부인도 좋았다. 영부인끼리 모임도 갖고 봉사도 하며 지냈다.

남편이 대통령 영부인으로 만들어 주진 않았지만, 로터리 회원 영부인도 내겐 행복한 호칭이다. 초등학교 시절, 누군가가 심어준 꿈같은 말 한마디에 어린 소녀는 오래도록 그 희망을 간직하며 살아온 것이다. 좀 더 품위 있게, 인격을 닦으며 살아온 것이다. 이제 로터리에 나가지는 않지만 옛 회원의 영부인을 만나면 반갑게 인사한다.
"○○ 영부인 안녕하세요?"
로터리 영부인도 영부인은 영부인이지!

대쟁이 선산

대쟁이라는 곳이 안산시 선부동에 있다. 원주민이 아닌 외지에서 들어와 사는 사람들은 이 지명을 잘 모른다. 시댁 고향이 시흥시 군자면 거모동이다. 안산시가 시로 승격되기 전까지 안산도 시흥시 일부였다. 시흥시와 안산시 경계쯤에 대쟁이 선산이 있다. 군자면 거모동 순흥 안씨 종중의 묘지가 함께 위치해 있는 산이다.

예로부터 대장장이가 농기구를 만들어 내던 대장간이 있었다고 해서 대쟁이라는 이름으로 불렀다.

시할아버지(故 안중호)께서 종손이 중중산을 팔아치우는 상황이 안타까워 60여 년 전에 1,000여 평의 산을 샀다고 한다. 매입 당시 산이 깊고 우거져서 시할머니(故 김순례)는 그곳에 묘지를 쓰는 걸 탐탁하게 여기지 않았다고 한다. 심지어 무서워하였다. 시할아버지는 지관을 불러 묫자리를 보고 당신 묻힐 묘를 만들었다. 돌 관을 묘지 속에 안치했다. 외아들인 시아버지(안병선)가 혹여나 힘들까 봐 미리미리 준비했다고 한다. 대쟁이 산은 고려시대의 악습인 고려장을 지낼 정도로 깊은 산중이었다. 그러나 지금은 천지가 개벽하여 산 옆으로 영동고속도로와 지방도로가 나 있어 차 다니는 소리가 크게 들린다. 무서워서 가기 싫다던 시할머니는 차 소리에 시끄러워하실 것 같다.

2020년 봄날, 대쟁이 선산 아래 덤불을 걷어내고 작은 텃밭을 만들었다. 그곳에 상추, 고추, 가지, 오이, 호박, 방울토마토, 들깨, 땅콩, 감자, 고구마를 심었다. 소량씩 다품종을 심었다, 그야말로 한 품종당 몇 포기씩 심었다. 채소 백화점이었다.

적지만 수확의 기쁨이 컸다. 흙을 만지고 풀을 뽑아주는 그 시간이 너무 좋았다. 퇴임 전에는 주말마다 텃밭에 갔다. 남편이 산소를 돌아보고 잡초를 뽑는 동안 나는 나의 놀이터 텃밭의 잡초를 뽑고 채소들을 가꾸었다. 농약을 전혀 쓰지 않으니 완전 유기농인 셈이다. 상추는 시중에서 사는 것과 비교할 수 없이 맛있었다. 고추는 몇 안 심었는데 엄청 많이 열렸다. 풋고추, 꽈리 고추는 서리 올 때까지 실컷 먹을 수 있었다. 주인의 발소리를 듣고 채소가 자란다는 얘기가 맞는 것 같다.

농사를 지어본 경험이 전혀 없는지라 양질의 채소로 가꾸지는 못했지만 백화점 같은 텃밭이 푸성귀 반찬을 공급하였다. 특히 손자들에게 자연학습 경험을 주는 게 의미 있는 일이었다. 손자들이 가지, 오이, 호박, 방울토마토, 고추를 따보고 감자와 고구마를 캐며 즐거운 비명을 질렀다. 직접 방울토마토를 따서 먹기도 했다. 이런 즐거움을 손자들에게 보여주려고 열심히 가꾼 이유이기도 했다.

선산에는 시고조, 시증조, 시조부모, 시어머니의 묘소가 있다. 선산 입구를 들어서면 돌아가신 할아버지 할머니 어머니가 반겨주는 듯했다. 이름 모를 산새의 지저귐도 정겨웠다. 찔레꽃이 하얗게 피어 향기를 뿜어낸다.

묘소 아래에 감나무, 자두나무, 매화나무, 아로니아, 두릅 등을 심었다. 묘목이라 자라는 데 시간이 걸리겠지만 우리 손자들이 선산에 올 수 있는 동기를 주고 싶어 열심히 심었다. 손자들이 자라 선산에 올 때마다 감, 매실, 아로니아, 자두, 두릅을 따면서 이것을 심은 할머니 할아버지를 생각해 주길 바라는 마음도 있다. 텃밭을 가꾸면서 자꾸만 조상님 산소를 올려다본다.

'오늘도 왔냐? 너희들 웃음소리가 즐겁구나' 하는 소리가 들리는 듯하다. 긴 시간 일하지 않는다. 길어야 한두 시간. 그 시간이면 작은 나의 텃밭 잡초를 뽑아낼 수 있다. 두릅은 작은 뿌리를 얻어다 심었는데 내 키보다 더 크게 자랐다. 처음에는 작은 두릅을 밟아 버릴까 봐 돌멩이로 둥글게 만들어 주어 두릅을 지켰다. 이젠 지나다니는 사람들이 순을 잘라 가기도 하지만 그래도 잘 자라는 두릅이 대견하기만 하다.

어느 봄날 산새가 지저귀는 선산에 앉아 신선한 공기를 들이마셨다. 나지막이 흥얼대는 나의 노래는 곧 시가 되었다.

    대쟁이 선산엔
    시조부모, 시어머니가 계신다.

    찔레꽃, 아카시아 향기 가득한
    대쟁이 선산에 들어서면
    엄마 품속처럼 포근하고 따뜻하다.

    대쟁이에 텃밭 일구어
    상추, 고추, 가지, 호박 심고
    잘 자라나 궁금해 자주 찾아간다.

    뻐꾸기 종달새 지저귐 들으며
    조상님께 인사 기도드리고
    풀도 뽑고 물도 준다.

조상님이 내려다보며
"오늘도 왔구나!"
하시는 듯해서
자꾸 산을 올려다본다.

"저희 이제 갑니다
또 오겠습니다." 하며
돌아오는 발걸음이 가벼워진다.

2023년 봄날 지음

언젠가 나도 이곳 대쟁이 선산에서 잔디를 이불 삼아 쉴 날이 있겠지 생각하니, 부모님 품속처럼 따뜻한 느낌이 든다. 나를 사랑해 주고 아껴주시던 시할아버지, 시할머니, 시어머니가 계시는 곳이니 더욱 그런 것 같다. 조상님들이 세상을 떠나시는 임종 때마다 귀에 대고 말씀드렸다.

"지금 가는 길이 혼자 가는 길이 아닙니다. 무서워하지 마세요! 조금 먼저 하늘나라에 가는 것이에요. 먼저 가서 저희들을 기다려 주세요! 저희도 곧 갑니다!"

1985년 7월 28일 시할머니(故 김순례, 세실리아), 1987년 8월 25일 시할아버지(故 안중호, 요셉), 1990년 7월 27일 시어머니(故 오옥동, 미카엘라)가 세상을 떠나셨다. 대쟁이 선산에 모셔져 있다.

새로운 가족

우스갯소리로 시금치의 '시' 자도 싫다는 시집, 결혼은 새로운 인간관계를 형성하고 가족이라는 인간관계망을 만들어 준다. 낳아준 부모를 떠나는 순간, 또 다른 가족 관계가 형성된다. 여자가 결혼하면 시집이라는 새로운 가족들과 서로 관계를 갖고 살아간다. 청주 한씨(나)가 순흥 안씨 집안으로 시집오니 온통 안씨들뿐이다. 남편을 비롯해서 시할아버지(故 안중호), 시아버지(안병선), 시동생(기웅, 상웅), 시누이(안○○)…. 오촌 아주머니와 아저씨들…. 나의 분신들조차도 안씨들이다. 시할머니(故 김순례), 시어머니(故 오옥동), 나의 며느리, 나만 안씨가 아니다.

시할아버지(故 안중호, 요셉)는 1901년 조선말에 태어나 3.1 만세운동에도 참여하였다. 일제강점기에 군자 염전에서 일하기도 하였다. 어린 나이에 어머니(시증조모)를 여의고 의붓어머니 손에 자랐다. 무학(無

學)에 가깝게 배운 게 없어도 정직하고 강직한 분이다. 검소하나 남에게 베풀 줄 아는 인정이 많은 분이다. 술을 즐기고 흥이 많다. 농사일을 할 때도 흥얼거리며 노래를 잘하였다. 근면 성실하게 일하여 재산을 많이 모았다.

산, 논, 밭, 집터 등 부동산을 많이 보유하였다. 특히 송아지, 돼지를 길러 장에 내다 팔아 수익을 올리는 등 경제적 수완이 뛰어났다. 김순례 시할머니와는 13살에 결혼하여 70년 넘게 해로하였다. 1983년 내가 결혼했을 때 장손 손자며느리를 무척 예뻐해 주었다. 여름방학, 겨울방학 때마다 군자 시골집에서 시할아버지와 시할머니와 시간을 보냈다. 시할머니는 깔끔하고 바지런한 성격이다. 또 불쌍한 사람이 찾아오면 밥을 주고 쌀을 나눠주는 사랑이 많은 분이다. 무학이라 한글은 몰라도 인성이 바르고 착했다. 특히 장손인 남편이 태어났을 때 너무 좋아 힘든 줄 모르고 길러주었다. 남편은 낳아준 부모보다 할머니 할아버지를 더 좋아한다. 그래서 우리 부부가 시조부모를 모시게 되었는가 보다.

1985년 3월 시할머니가 편찮으셔서 장손인 우리가 안산으로 이사와 함께 살았다.

시할아버지는 증손자(재동)를 업어주고, 놀아주고 사랑을 듬뿍 주었다. 시할머니와 누워서 옛날이야기도 하며 정을 쌓았다. 변비로 고생하는 할머니의 변을 파드리기도 하였다. 그해 여름 더위가 기승을 부리던 날(85.07.28), 시할머니는 하늘나라로 떠났다. 향년 85세. 장염으로 탈수되었는데 치료가 늦어 건강을 잃고 우리 곁을 떠났다. 둘째 임신 중인 나는 임종 후 식지 않은 시할머니의 온몸을 마지막으로 어루만지며 하늘나라에서 만날 것을 약속했다.

시할머니가 세상을 떠난 후 홀로 남은 시할아버지(故 안중호, 요셉)는 증손자(재동), 증손녀(혜경)의 재롱에 즐겁고 행복한 시간을 보냈다. 그러나 1987년 8월 25일 시할아버지도 87세를 일기로 세상을 떠났다. 나의 전폭적인 지지자이고 사랑을 듬뿍 주신 분이기에 나의 슬픔은 이루 말할 수 없었다. 다섯 살 증손자(재동)는 매일 밤 증조부와 함께 재웠다. 엄마에게서 떨어지지 않는 재동이는 시할아버지 방에서 엄마와 함께 셋이 잤다. 재동이가 잠들면 시할아버지가 증손자를 돌보아 주었다. 그렇게 해서라도 시할아버지와 증손자가 잠을 자게 했다. 밤새 뒤척이는 증손자의 이불을 덮어주는 사랑을 재동이는 받고 자랐다. 다섯 살 재동이는 시할아버지 임종 직전에 얼른 나으시라고 팔을 주물러 드리기도 하였다. 증손자 재롱이 보고 싶어 더 살고 싶어 하셨는데 늙음의 노화를 막을 순 없었다.

시할아버지의 작은 수첩을 간직하고 있다. 글을 배우지 않았지만 한글로 수첩에 이런저런 내용을 기록한 것이다. 시할아버지는 세상을 떠났지만 할아버지의 손길이 닿은 글씨가 쓰여진 수첩을 만져볼 때마다 시할아버지가 생각난다. 시할아버지가 돌아가시던 여름방학 때 나는 계절대학 3학년에 편입하여 인천교육대학교로 공부하러 다녔다.

어린아이가 둘이나 있는 엄마가 공부한다고 방학 내내 바쁘게 지냈다. 시험 보는 마지막 날 아침, 할아버지는 내게 5만 원을 주시며 시험 끝나면 월미도 가서 맛있는 거 사 먹고 오라고 하였다. 열심히 공부하는 손자며느리가 기특하다며 용돈을 주었다. 손자며느리가 교육계의 큰 인물로 성장할 것을 믿는다고 말씀하셨다.

학교 가는 버스 안에서 계속 눈물이 흘렀다. 할아버지의 크신 사랑이 느껴져서 한참 동안 울면서 갔다. 할아버지의 기대에 어긋나지 않게 열심히 살리라 다짐했다. 종강한 지 사흘 만에 할아버지는 세상을 떠나셨다. 손자며느리를 무척 아끼고 사랑해 주셨던 시할아버지셨다.

"조상님들이 하느님의 자비로 평화의 안식을 얻게 하소서. 아멘!"

시고모님으로는 안○○(세실리아), 안○○(헬레나) 두 분이 계신다. 딸로 태어났기에 교육을 덜 받았다. 아들을 더 귀하게 교육시키던 당시 어른들의 생각이 그대로 반영된 것이다. 영특하고 똑똑한 안○○(세실리아) 고모님은 배움을 갈망하다 수도원에 입교하여 수녀가 되었다. 88세의 나이가 되도록 봉사와 희생으로 신앙생활의 모범을 보여주신다. 노구의 몸이지만 꼿꼿하게 늘 기도하며 바른 신앙생활을 가르쳐 주시곤 한다. 수녀님이 휴가 올 때면 온 가족들이 긴장한다. 기도 생활을 충실히 안 하면 꾸중을 들을 것 같아 긴장하기도 한다. 온 가족이 가톨릭에 입교하는 동기를 주신 분이기도 하다. 레지오를 하는 나의 협력단원 역할을 해주시기도 한다. 현재 용인 인보마을에서 여생을 보내고 계신다. 수녀님은 전국의 여러 성당을 다니며 근무하였다. 김천 황금동성당, 평택성당, 남원, 담양, 부산 송도성당 등 수녀 고모님 계신 곳을 찾아다니며 찾아뵙곤 했다. 매년 보약으로 흑염소 진액 한 마리씩 해 가지고 갔다. 수녀원 냉장고 크기가 작다고 해서 큰 냉장고를 사 가지고 간 적도 있었다. 신부님 허락 없이 사 왔다고 수녀 고모님께 호되게 야단맞은 적도 있다. 먼 김천까지 내려갔는데 자리에 앉아보지도 못하고 혼만 났다. 그래도 고모님 뵈러 방학만 하면 찾아갔다. 겨울에 너무 춥게 지내서 난로를 사 드리기도 했다. 덕분에 방학 때마다 여행 삼아 다녀오게 되어 전국 곳곳을 여행하게 되는 기회가 되었다.

행복한 인생 동반자

남편의 친구들 가족모임이 '대로회'라는 이름으로 1990년쯤 결성되었다. 시흥시 군자면 거모동이 고향인 친구 부부들과 가족들이 함께 친목을 도모하는 모임이었다.

자녀들도 어려서부터 부모를 따라 모임에 참여하며 서로 친하게 지냈다. 한 달에 한 번씩 모였다. 특히 배우자(부인)들과의 교류는 살림 정보, 육아정보를 나누는 좋은 시간이 되었다. 매년 돌아가며 회장, 총무를 맡으며 회의록도 기록하였다. 다이어리 서너 권이 대로회의 역사로 계속 기록되고 있다. 비록 가족모임이지만 건전하고, 보람 있는 행사들을 기획하여 즐겁고 행복한 가족 모임을 이끄는 데 기여하고자 하였다.

2001년 5월 8일 어버이날을 기념하여 양가 부모님 모시고 상록웨딩플렉스에서 '대로회 효도잔치'를 열었다. 살아생전 부모님을 좀 더 기쁘게 해드리고자 대로회 회원 모두가 준비하였다. 부인들은 한복을 똑같이 맞추어 입고 행사 분위기를 빛나게 하였다. 아이들은 중고생, 초등생으로 이 행사에 참여하였다. 각 가정의 시부모님과 친정 부모님을 초대하였다. 부모님 가슴에 꽃도 달아드리고, 헌주와 큰절도 올렸다. 축가, 축시를 낭송하고, 손자들 재롱 발표도 하였다. 부모님을 모시고 가족사진도 찍었다. 자라나는 자녀들에게 효도의 모습을 보여주는 좋은 기회가 되었다. 참석하신 모든 부모님들이 매우 즐거워하고 행복해하는 모습을 보며 행사 기획을 잘했다고 생각했다. 나의 친정아버지는 딸 손을 잡고 지르박 춤을 신나게 추셨다. 이미 고인이 되셨지만 그날의 추억은 내게 오래오래 남아 있다. 30명 이상 참석하였던 양가 부모님들이 지금은 서너 분만 남고 모두 고인이 되셨다. 세월의 무상함을 느낀다. 행사 당시 삼십 대 후반이던 내가 칠십 대 가까운 중노인 되었으니 세월은 화살처럼 날아가 버렸다.

2008년 1월이 결혼 25주년 은혼 기념일이다. 의미 있는 은혼 기념 행사를 혼자 기획하다 리마인드 웨딩 촬영을 하기 위해 사진관을 물색했다. 수원까지 가서 예약을 하고 나오다 다시 들어갔다. 대로회 열 팀 부부가 촬영하면 할인해 주는 조건을 제시했다. 나 혼자만 촬영할 것이 아니라 대로회 부부들도 단체로 촬영하게 하고 싶었다. 급히 번개 모임을 소집하고 나의 의견을 전하니 부인들은 모두 찬성했다. 결혼한 지 오랜 시간 지났고, 더 나이 들기 전에 웨딩 촬영을 한번 해보고 싶은 게 부인들의 로망이었다. 대로회 회비에서 촬영 비용을 지원하기로 협의하고 사진관 사장과 협상해서 한 가정당 20만 원씩 열 가정 전체 200만 원에 촬영하기로 하였다. 리마인드 웨딩 촬영을 하면서 부모님 영정 사진을 촬영하는 가정도 있었다. 부모님과 자녀들과 대형 가족사진 액자도 만들었다. 부부 웨딩 사진을 앨범으로 제작하고, 가장 멋진 커플 사진 한 장을 크게 액자로 만들어 주었다. 모든 가정의 촬영 날짜를 정하고 제일 먼저 우리 가정이 촬영하였다. 한 시간 이상 신부 화장을 하고 드레스를 입었다. 숱이 적은 남편 머리에 흑채도 뿌리고 턱시도를 입은 멋진 신랑으로 변신하였다, 쑥스러워하는 남편과 다양한 포즈을 취하고, 아들딸과도 다정하게 사진을 찍으며 즐거운 시간을 보냈다. 돌이켜 생각해 보면 다시 올 수 없는 행복한 순간이었다.

  1월 내내 모든 가정이 촬영을 마쳤을 때, 또 다른 생각을 해냈다. '이렇게 멋진 사진을 전시하며 호텔에서 파티를 여는 건 어떨까?' 웨딩 사진 액자와 가족사진 액자를 이젤에 전시하고 양가 부모, 자녀들과 은혼 파티를 하는 거다. 내겐 은혼 이지만 다른 부부는 은혼이 지났거나 아직 안 된 가정도 있어서 '대로회 행복 기념회'라고 행사명을 정하고 행사를 기획하고 준비하였다. 그해 2월 안산 미라마 호텔 단독 홀을 예약했다. 가족만 모이는 거라 50여 명 정도의 오붓한 우리만의 파티였다. 사회는 대학생인 재동, 혜경이가 하고, 그 모든 시나리오는 내가 만들어 주었다. 다시 결혼 하는 것처럼, 장미꽃 들고 웨딩마치에 맞추어 신랑 신부 입장, 축하말, 축시 낭송, 부부 골든벨 퀴즈, 가발 쓰고 노래하기 등 가장 젊은 날 가장 행복한 시간을 함께하였다. 가장 감동적인 것은 남편들이 부인에게 보내는 편지 낭송에서 부부 모두가 눈물을 보였다. 함께한 가족들도 눈물을 훔쳤다. 삶의 고단함 속에서도 꿋꿋하게 가정을 지켜준 아내에 대한 고마운 마음을 절절히 전했다. 나 역시 결혼 후 처음으로 남편의 진심이 담긴 편지 낭송을 듣고 울컥하였다. 대부분의 남편들이 표현을 잘 안 하는 사람들인데 이렇게라도 행사를 통해 마음을 알게 되어 부부간의 사랑을 다시 확인하는 시간이 되었다. 친정어머니를 동생 부부가 모시고 참석했다. 즐거워하며 함박웃음 짓던 친정어머니의 모습이 떠오른다. 준비하느라 몸무게가 2kg은 빠졌지만 즐겁고 행복한 시간이었다. 바쁜 직장생활을 하면서 어떻게 이 행사를 기획하고 준비했는지…. 그때를 기억하면 너무 행복하다. 그때 그 사진들을 지금도 꺼내 보면 미소가 절로 난다.

2014년 12월 28일 '대로회 합동 회갑연'을 기획하였다.
의료시설과 식생활이 좋아짐에 따라 인간의 수명이 길어졌다. 예전 같으면 자녀들이 회갑 잔치를 성대히 해주며 회갑까지 살게 된 것을 축복해 주었는데, 이젠 회갑 된 사람들이 너무 젊다. 그래서 회갑 잔치를 안 하는 분위기가 되었다. 아직 어리기도 하지만 자녀들조차 회갑 잔치를 해줄 생각도 없어 보인다. 우리 세대는 양가 부모님들 회갑 잔치를 성대히 해드렸는데, 회갑 잔치를 우리 스스로 자체적으로 해야 할 것 같아 합동 회갑연을 제안하고 준비했다.

안산 파티하우스를 예약하고 자녀들에게 알렸다. 자녀들이 손님을 초대하는 것이 아니라 부모가 자녀들을 초대한 격이 되었다. 먼 곳에서 올 수 없는 자녀는 동영상을 받아서 보여주었다. 효도 잔치 때 한 것처럼 자녀들의 헌주도 받고, 절도 받았다. 엎드려 절 받는 격이었지만 그래도 기쁘고 좋았다. 참석 못 한 가정의 자녀도 있어서 합동으로 절을 받았다. 마술사도 불러 공연하니 손자들이 매우 즐거워했다. 마침 경품으로 탄 TV가 있어 상품으로 내놓았다. 가장 참여율이 좋고 호응이 좋은 가정에게 주었다. 다양한 게임과 놀이로 즐거운 한때를 보냈다.

사실, 이 행사를 준비하는 중에 친정어머니가 돌아가셨다. 다행히 초상을 치른 다음 날 행사라서 행사는 그냥 진행하였다. 부인들 모두 한복을 입기로 했는데 나만 까만 벨벳 원피스를 입고 행사에 참여하였다. 남편 친구들 모임이지만 부인들도 한 가족처럼 친하게 지낸다. 합동 회갑을 해드린 남편 친구들은 지금 칠십을 훌쩍 넘은 초로의 할아버지가 되었다.

큰 행사 세 가지만 적었는데 그 외에도 매년 콘도나 펜션을 빌려 가족여행, 부부여행을 떠난다. 제주도 가족여행, 강릉, 부산여행, 필리핀 세부, 보라카이 등을 다녀왔다. 부인들 회갑 때는 베트남 다낭에서 즐거운 시간을 보냈다. 올해는 부인들 중에 칠순인 분들이 있다. 그래서 9월에 일본 여행을 계획하고 있다. 남편 친구들의 모임이지만 부인들의 관계가 더 끈끈하다. 어쩜 친형제 이상 서로를 아끼고 아프거나 어려움이 있을 때 위로하는 좋은 모임이다. 이런 좋은 사람들과 노후를 함께 간다는 것이 감사하고 행복하다. 김○환, 유○민, 이○표, 안○관, 안○직, 안○철, 안○섭 부부님들과 건강하게 오래도록 '대로회' 모임을 이어가길 간절히 기도한다.

4부

꿈을 펼치는 시간들

교사로서 첫발을 떼다

인천교육대학교를 1979년 2월 졸업했다. 그해 3월 2일 경기도 교육청에서 신규 교사 임용식을 하고, 오산에 있는 경기도 화성교육청으로 갔다. 신규 교사 선서식을 하고 발령장을 받았다. 어느 학교로 발령 났는지 학교 이름을 보았다. 비봉초등학교였다. 다시 수원 버스 터미널로 왔다.

1986년 안산성곡초등학교 아이들과

그곳에서 남양 사강행 버스로 갈아탔다. 비봉초등학교에 도착하니 점심때가 지난 시간이었다. 나이가 지긋한 여선생님(○금순)이 면 소재지 중국집에 데려갔다. 자장면을 사주었다. 아침부터 긴장과 허기진 배를 채우고 학교로 들어가니 교감 선생님이 5학년 3반 담임으로 배정해 주었다. 18학급 정도의 중급 규모의 학교였다. 유포리에 분교 3학급도 있었다. 당시 김기동 교장 선생님, 권기섭 교감 선생님, 이홍우 교무주임, 최인수 연구 주임 선생님이 생각난다.

초임 발령 학교에 따라 교직 인생이 달라진다는 말이 있다. 초임 학교의 분위기는 중진 교사가 대부분으로 연구하는 분위기의 학교였다. 능력 있는 교사들이 많은 학교였다. 그런 분위기에 휩쓸려 신규 1년 차부터 현장연구대회에 나가게 되었다.

22세의 어린 나이에 햇병아리 교사로 교단에 서게 되었다. 아이들은 12세이니 열 살 차이 제자들과 만났다. 경험은 부족했지만 아이들을 사랑하고 좋아했다. 일요일이면 학급 아이들을 수원으로 불러 경기도과학교육원 구경시켜 주고 짜장면을 사 먹여 버스에 태워 보냈다. 과학교육원에 영상으로 통화하는 전화기가 있었다. 아이들은 너무 신기해하면서 전화를 걸어보았다. 40년 전에 영상통화를 한 것이다. 핸드폰이나 가정의 전화기도 없던 시절이니 얼마나 신기하고 재미있었을까? 우주 천체관에서 별자리를 보기도 하였다. 시골 아이들이라 수원 오는 것을 무척 좋아했다. 요즘 같았으면 함부로 아이들을 부를 수 없는데, 학부모들이 농사일 생계에 바빠 담임이 데리고 다녀도 민원 한번 없었다. 오히려 담임의 열정에 고마워했다.

봄에는 학교 논에 모내기를 하러 갔다. 교사보다 농사일을 더 잘하는 5학년이었다. 우리 반 김○동이라는 아이가 모내기하러 논에 들어

갔다가 발을 크게 베어 살점이 떨어져 나갔다. 너무 놀라 리어카에 싣고 정신없이 면 소재지 병원으로 달렸다. 놀란 가슴이 마구 뛰었다. 마취도 제대로 못 하고 꿰맸다. 아파서 울며 소리치는 ○동이를 붙잡고 함께 울었다. 한동안 목발을 짚고 고생하는 모습을 보니 마음이 아팠다. ○동이는 집안 형편이 어려웠다. 집이 멀어 매일 버스를 타고 가라고 차비를 주었다. 선한 눈망울을 한 ○동이가 지금도 눈에 선하다. 어디서 잘 살고 있겠지? 보고 싶다!!

그해 4월쯤, 학교 운동장에서 놀다가 눈을 다쳐 실명하는 사고가 발생했다. 남자아이들이 핀으로 표창을 만들어 놀았다. 던져서 맞추기 놀이를 하며 게임도 하였다. ○규라는 아이가 하늘로 표창을 던졌는데 내려오는 것을 바라보다 ○규 눈에 꽂혔다. 이목구비가 잘생긴 남자아이였다. 시골이라 안과가 없어 밤새 앓다가 다음 날 수원 병원에 갔으나 치료를 못 해 서울의 대학병원에 갔다. 치료가 늦어져서 회복을 못 하고 눈을 빼내고 의안을 넣었다. 까맣고 예쁜 눈이 실명되다니, 가끔 ○규가 어찌 사는지 궁금할 때가 있다. 어엿한 어른으로, 아버지로 잘 살기를 기도한다.

교사로서 처음 맡은 업무가 도서계였다. 도서실도 없어 책은 별로 없었다. 낡은 백과사전, 교육학 서적이 있었다. 방학 때 낡은 책들을 보수했다. 도서 대장도 정리하였다. 학교 감사를 받으면 도서 대장을 대조해서 분실했으면 배상을 해야 한다고 들어 도서를 확인하기도 했다. 열악한 학교 재정에 학생들이 읽을 만한 도서가 구비되지 않은 낡은 책장 몇 개가 전부인 도서관 일을 맡아서 했다. 40년 전 초등학교의 어려운 교육환경이 생각나 그 시절의 학생들에게 미안한 마음이 든다. 요즘 현대화된 학교 도서관을 보면 격세지감을 느낀다.

그 당시 학교는 매일 아침 직원회의를 했다. 출근하면 제일 먼저 교감 선생님 앞에 놓인 출근부에 도장을 찍었다. 매일 아침 직원회의 시간에 우리 반 청소 구역인 소각장이 지저분하다고 교장 선생님께 야단맞았다. 너무 속상해서 재래식 냄새나는 화장실에 들어가 혼자 엉엉 울었다. 공부 잘 가르치라는 격려보다 청소가 더 중요한 관리자의 말에 상처를 받았다. 보다 못한 선배 교사가 소각장에 쌓인 흙을 파내주어 쓰레기가 날리지 않고 깨끗해졌다. 담당구역 청소를 잘해내는 것도 업무 능력임을 나중에 알게 되었다.

별명이 택방구 1호 공○택, 택방구 2호 권○택 이란 아이가 유독 나를 따랐다. 농촌 아이들은 부모님이 아침 일찍 농사일을 하러 가야 해서 학교에 일찍 등교한다. 등굣길에 산길을 걸어오며 알밤을 주워 내 책상 위에 컵으로 덮어두었다. 출근해 컵을 들면 방긋 웃는 듯 반짝이는 알밤이 보였다. 선생님 주려고 아침이슬 밟으며 밤을 주웠을 아이가 너무 고맙고 사랑스러웠다. 발령 첫해 아이들과 너무 행복한 시간을 보냈다.

5학년 3개 학급 대항 축구 시합, 피구 게임을 했다. 일주일에 한 번씩 동학년 점심으로 중국 음식을 시켜서 먹었다. 도시락을 싸 가지고 다니는 시절인데 일주일에 한 번은 외식을 하였다. 동학년이라고 해야 3개 반. 세 명의 교사가 식사하며 친목과 협의를 하였다. 학년 부장인 나○만 선생님, 심○자 선생님. 경력이 10년 이상 위인 교사들과 친하게 지냈다. 특히 미혼이며 열 살 위인 심부○ 선생님은 나를 동생처럼 아끼고 예뻐해 주었다. 애늙은이처럼 내 또래보다 나이 더 많은 언니들과 대화하는 게 더 잘 어울렸다. 비봉초등학교에서 5학년, 6학년, 6학년 담임을 맡고 3년 만에 수원으로 전근 가게 되었다. 수업 실기대회 최우수상을 받은 특전으로 수원으로 전근되었다,

심부○ 선생님은 이별의 아쉬움을 시로 써 와 낭송하여 모두의 마음을 울렸다. 송별식 날 너무 정든 첫 학교를 떠날 생각을 하니 목이 메어 한마디 인사도 못하고 소리 내어 엉엉 울었다. 초임지의 추억은 지금도 눈앞에 선하게 떠오르는 곳이다. 아직도 심부○, 심○자, 조○례 선생님들과 만나며 옛 추억을 되새기고 있다.

수업 실기대회 1등을 하다

　교사의 생명은 수업이다. 수업을 통해 아이들의 잠재 능력을 이끌어 내는 역할을 하는 게 교사라고 생각한다. 수업을 하기 전에 학생들의 수준을 진단하고 수준에 맞게 수업을 계획하는 게 매우 중요하다. 특히 수업 도입 부분이 매우 중요하게 생각되었다. 수업 목표에 도달하기 위해 동기유발을 잘해야 그 수업에 참여하는 아이들의 흥미를 이끌어 낼 수 있다. 그래서 수업을 준비할 때마다 도입 부분을 어떻게 시작할지 고민에 고민을 하게 된다.

　초임지 학교(비봉초등학교)에서 1980년 11월 화성군교육청 지정 연구학교 발표회가 있었다. 연구 시범 공개수업을 하고 보고회를 하였다. '삼일정신 얼 계승을 위한 교육'이란 주제로 화성군 내에 있는 삼일 운동 유적지를 찾아 교육 활동에 활용하였다. 가장 막내 교사인 내게 대표수업을 하라고 하였다. 교직 경력 1년밖에 안 된 햇병아리 교사가 화성군 내 교사들과 교감 선생님들 앞에서 수업 공개를 한다고 하니 가슴이 떨리고 걱정이 되었다. 다행히도 전남 광주에서 수업의 달인으로 인정받던 연구부장 최○수 선생님이 도움을 주셔서 용기를 내었다. 수업을 계획하고 준비하느라 정신없었다. 6학년 아이들이 생각보다 잘 따라주었고, 목표에 도달하는 활동을 잘해주어 성공적으로 공개수업을 마쳤다. 등줄기가 땀에 젖었다. 공개수업 시작 전에 긴장감에 가슴이 뛰었다. 막상 수업을 시작하니 안정되게 내가 원하는 수업을 잘 전개하였다. 수업을 마치자 임석관으로 참석한 화성교육청 학무과장님(현재 시아버지)이 나를 불렀다.

"수업 감동적으로 잘 잘했어요. 매년 교사들 수업 실기대회가 있어요. 내년 대회에 꼭 나오세요. 이런 정도 실력이면 충분히 잘할 수 있어요."

얼떨결에 공개수업을 해서 정신이 없었는데 그 말 한마디에 기분이 좋았다. 용기도 생겼다. 정말 내가 수업을 잘할 수 있을까? 경력이 짧아 제대로 할 수 있을지 걱정은 되면서도 도전해 보고 싶은 마음이 용솟음쳤다. 내년에 대회가 있다고 하니 1년 동안 더 공부하고 준비해 보자. 그래, 한번 해보는 거야. 인사이동의 특전까지 준다니 집 가까운 곳으로 갈 수도 있지, 예선만 통과해도 화성군 내 학교를 골라서 전보될 수 있다고 했다. 각 교과목의 특성에 맞는 목표 진술과 지도안 작성법을 좀 더 공부하기 시작했다. 그리고 수업하면서 적용해 보며 수업 역량을 길러갔다.

이듬해 1981년 수업 실기대회에 학교 대표로 출전하게 되었다. 화성군교육청 산하 56개 초등학교에서 대표 한 명씩 출전하게 되어 있다. 6개의 지구로 나뉘어 예선을 했다. 남양 송산지구 예선에 나갔다. 예선 장소인 남양초등학교에서 장학사 한 분이 나와서 4학년 사회 교과서 한 권씩 나누어 주고 지도안을 작성하라고 하였다. 16절 시험지에다 교과서 한 권만 가지고 지도안을 작성하기 시작했다. 대회에 출전하기 위해 공부하고 준비한 것이 도움이 되었다. 지도안 형식에 맞게, 단원의 개관, 목표 진술, 단원 세부 계획, 본시학습지도안, 평가계획까지, 손가락이 아프도록 써 내려갔다. 10장 이상 썼던 것 같다. 운이 좋았는지 한 명 뽑는 예선에 내가 뽑혔다. 교직 경력 2년 차 신출내기가 갑자기 본선 준비로 바빠지기 시작했다.

예선을 통과해 본선에 나가게 되어 바쁜 가운데, 학교는 2년 차 군지정 연구학교 보고회를 해야 하는데 수업 실기로 바쁜 나를 시키기 어려워 2년 선배에게 공개수업을 하라고 하니 못 한다고 엉엉 울었다. 교장선생님께 자진해서 연구학교 공개수업도 하겠노라고 했다. 너무 고마워하며 전 교직원이 나의 수업 실기대회 준비에 도움을 주라고 하였다.

오산 성호초등학교에 가서 당일 수업시간을 추첨하였다. 화성군교육청 장학사 전원이 심사위원으로 참여하였다. 10년 이상 경력을 가진 노련한 교사들이 예선을 통과하고 본선에 참여했다. 교직 경력 2년밖에 안 되었으니 잘하지 못해도 부끄러울 게 없다. 어디서 그런 용기가 났는지 모르겠다. 예선 통과한 것만도 좋았다. 전 교직원이 나의 수업 자료를 도와주었으니 나만큼 준비된 수업이 없었다. 다른 학교

처음 만나는 아이들과 수업을 한다는 건 여간 어려운 일이 아니다. 그래도 아이들은 120% 나의 수업을 따라주었다. 정말 아이들이 고맙고 사랑스러웠다. 얼마나 고마운지 수업을 마치고 아이들 전원에게 학용품을 사 주었다. 본선에서 최우수 1등을 하였다. 경력이 미천한 내가 1등을 하다니, 뛸 듯이 기쁜 순간이었다.

 부모님이 감사하다고 전 교직원에게 대접할 음식을 만들어 주어 학교에서 파티를 했다. 지금 같았으면 식당에서 한턱내는 일을 그 당시엔 찬합에 바리바리 음식을 만들어 싸 가지고 학교에 갔다. 그때 함께 근무한 교직원들을 오래도록 잊지 못한다. 김기동 교장 선생님, 권기섭 교감 선생님, 이홍우 교무주임, 최○수 연구주임, 나○만 선생님, 심부○ 선생님, 심○자 선생님, 조○례 선생님, 전○희 선생님, 기억이 또렷한 것은 그분들이 내게 교직의 길을 바르게 인도해 주었기 때문이다.

 수업 실기 1등으로 경기도 교육감상을 받았다. 인사 우대 특전으로 특시 수원으로 전보되었다. 교육부 지정 학교 신곡초등학교로 발령이 났다. 이때부터 수업의 달인인 양, 늘 공개수업을 도맡아 했다. 학년 연구수업, 연구학교 공개수업 등을 했다. 힘들고 어려울 때도 있었지만 늘 수업을 잘하기 위한 연구와 노력을 게을리하지 않았다. 아이들과 즐겁게 수업하는 그 시간이 교직 생활에서 가장 행복한 순간이었다. 아이들이 가지고 있는 잠재 능력을 이끌어 내기 위해 부단한 연구와 노력이 필요했다. 늘 즐겁고 행복한 수업시간이 되게 하려고 했던 그 열정이 교직 생활 내내 나를 지탱해 주었다.

전국 학교 홈페이지 대회
대상을 수상하다

1999년 석호초등학교에서 환경부장을 맡았다. IT 교육이 열풍처럼 학교 교육 속에 들어왔다. 컴퓨터가 보급되기 시작한 시기이다. 방과 후 컴퓨터 교육 활동에 줄 서서 등록하였다. 학교나 가정에 컴퓨터나 노트북이 귀한 때였다. ㈜삼성이 후원하고 ㈜BBI 인터넷 회사가 주관하는 전국 초·중·고등학교 홈페이지 대회가 열렸다. 정보부장이 대회 참여에 난색을 표하는 바람에, 업무 관련 없는 환경부장이 하겠다고 용감하게 나섰다. 대회에 도전해 보고 싶었다. 컴퓨터를 썩 잘하진 않지만 한번 해보고 싶어 교장 선생님께 말했더니 기뻐하며 쾌히 승낙해 주었다. 교장 선생님도 대회 참여를 하고 싶은데 담당 부서에서 못 하겠다고 하니 전전긍긍하였던 것 같다.

우선 '인터넷 반'을 조직하였다. 5~6학년 열 명으로 구성하였다. 학교 홈페이지를 인터넷상에서 만들어 갔다. 선착순 신청 학교에 디지

털카메라를 준다고 해 선착순으로 신청했다. 디지털카메라 확보! 학교 홈페이지, 학급 홈페이지, 개인 홈페이지, 개인 이메일을 만들기로 하였다. 전 교직원의 협조 없이는 혼자 할 수 없는 일이었다. 직원회의 때마다 연수를 하고 협조를 요청했다, 동료 교사들로부터 괜한 일을 만들어서 한다고 볼멘 불만의 소리가 여기저기서 들렸다. 인터넷 작업이 서툰 교사들은 PC방으로 데려가 연수를 하였다. 그래도 힘들어하는 교사들의 일을 대신해 주었다. 그 결과 전교생 이메일을 만들었다. 개인 홈페이지도 만들어 활용하게 하였다. 참가상만 받으려고 했는데, 점차 욕심이 생겼다.

초 · 중 · 고, 600여 개의 학교가 대회에 참가하였다. 처음엔 초등부 상금 100만 원인 장려상만 타자고 했는데, 열심히 하다 보니 우수상을 바라보게 되었고, 좀 더 지나 상금 300만 원인 초등부 최우수상을 기대하게 됐다. 대회 기간 중에 추석이 있었다. 차례만 지내고 PC방에서 살았다. 인터넷 가정 학습방을 만들어 사회과 학습을 위한 자료를 실었다. 사회과 학습을 인터넷상에서 학생 스스로 찾아 할 수 있는 학습방이다. 자기주도적인 학습을 인터넷상에서 할 수 있게 하였다. 인터넷 반 학생들도 학교 홈페이지에 학교 소식과 활동을 올렸다. 학급 담임들은 학생들의 교육 활동을 학급 홈페이지에 올려 학부모와 소통하는 공간으로 활용하였다.

드디어 심사 발표 날, 정보산업고등학교들을 제치고 초등학교인 우리 학교가 대상을 받았다. 상금이 무려 500만 원이었다. 서안 계림 아시아나 항공권 14매를 부상으로 받았다. 학교 표창으로 교육부장관상을 받았다. 학생 개인 홈페이지에 입상한 학생들도 많았다. IT 교육의 활성화에 큰 역할을 하게 되었다. 안산 석호초등학교가 전국에 이름을 날리는 순간이었다. 발표 순간 너무 좋아 팔짝팔짝 뛰었다. 4개월간 열정을 다해 매달려 일하고 추진한 결과라서 기쁨 충만이었다. 신문사 방송국의 인터뷰가 쇄도하였고, 기사화되어 발행되었다. 버스를 대절해 상 받는 학생, 인터넷 반 아이들, 김숙자 교장 선생님과 서울교육문화회관에서 상을 받았다.

교직의 맛을 느끼고 노련함과 열정으로 가득 찼던 그 시기, 노력한 만큼 결과는 따라온다는 사실을 깨달았다. 2000년 1월 교직원들과 서안 계림을 여행하였다. 일을 추진하도록 적극 밀어주고 지원해 준 당시 김숙자 교장 선생님께 감사드린다. 그 성과로 2001년 5월 스승의 날 국무총리상을 수상하였다. 세상에 공짜는 없다. 땀 흘린 만큼 주어지는 값진 포상이었다. 스승의 날 포상을 받게 하려고 1년 연임하게 해주었다. 덕분에 포상을 받았고 전문직 시험에 응시하는 데 큰 도움을 주었다. 당시 석호초 선생님들과는 지금도 만남을 이어가고 있다. 사실 학교 홈페이지 대회는 참가 안 해도 되는 일이었다. 일을 만들어서 힘들게 한다고 주변 동료들의 핀잔을 받기도 하였다. 그러나 해보고 싶은 의욕이 생겨서 한 일이니 힘들어도 즐겁게 했던 것 같다.

2001년도에는 전교생에게 인터넷 가족 신문을 만드는 교육 활동을 전개하였다. 인터넷상에 가족들의 이야기를 싣고 소통함으로써 인성교육을 하는 데 활용하였다. 종이 신문이 아닌 인터넷이라는 가상

공간에 다양한 글을 올려 언제 어디서든 읽을 수 있게 하는 활동이었다. 전교생을 대상으로 하고 대회도 열었다. 지난해에 홈페이지를 만들어 본 아이들이라서 그런지 인터넷 가족 신문도 열정적으로 참여해 주었다. 그 당시에는 참으로 신선한 교육 활동이고 앞서가는 IT 교육이었다. 신문사들이 앞다투어 취재하기도 하였다. ㈜BBI 회사의 후원을 받아 대회를 열고 트로피와 부상을 주기도 하였다. 지금 생각해도 나의 열정은 식을 줄 모르고 뜨거웠던 시기였다. 함께했던 동료 교사들의 눈총을 받기도 했지만 아이들의 성장을 위한 교육이기에 망설임 없이 일을 추진했고 그 보람 또한 매우 컸다.

드디어 전문직 장학사가 되다

학교 홈페이지 대회 대상을 받은 후 전문직에 대한 열망이 생겼다. 승진은 교감, 교장 정도만 하려고 했는데 2000년 초등교사도 전문직에 응시할 수 있는 기회가 생겼다.

사전 정보가 없어 시험 한 달 전부터 준비를 했으니 제대로 공부도 못하고 응시했다. 결과는 불합격. 연구 점수와 위촉 활동 점수가 너무 낮았다. 부족한 부가 점수를 준비하고 2003년 6월 다시 응시했다. 합격할지 알 수 없는 불확실한 것을 향하여 도서관에서 밤늦도록 공부했다.

가족들의 협조와 이해를 구하며 학교 수업을 마치면 시흥시립도서관에 가서 밤 10시까지 공부했다. 시험은 생각보다 어려웠다. 내가 어려우면 다른 사람도 어렵겠지, 스스로 위로하며 다음 날 치를 면접시험을 준비했다. 합격이었다. 합격 소식에 시아버님이 제일 기뻐하였다. 전화 음성이 울먹이기까지 하였다. 퇴근해 집에 오니 축하 화분 2개를 시아버님이 보내셨다.

그동안의 고통과 힘들었던 기억들이 눈 녹듯 사라졌다. 남편은 백화점에 데려가 옷을 다섯 벌이나 사 주었다. 교육청 근무하려면 제대로 된 옷을 갖추어 입어야 한다고 거금을 썼다. 합격하니 기분은 좋은데 제대로 일을 잘할지 걱정이 앞섰다.

2003년 9월 경기도화성교육지원청 장학사로 발령이 났다. 집에서 40~50분 거리다. 멀리 나지 않아 감사했다. 장학사 발령을 받으니, 교사로서 마지막 수업을 하고 돌아오는 차 안에서 눈물이 났다. 앞으로는 좋아하는 아이들과 수업을 못 하는 게 못내 섭섭했다. 관리직으로 들어가면 담임도 못하고 수업도 거의 못 하게 된다. 교직의 생명은 학생과 교감하며 수업하는 게 가장 중요한데 말이다. 그런데 왜들 승진을 하려고 할까? 나이 들어서 학생들을 가르치면 학생도 학부모도 나이 든 교사를 싫어할 것 같아 승진하는 게 아닌가 생각했다.

장학사가 되고 처음 맡은 업무가 체육 보건 급식 계장이었다. 보건, 급식 주무관과 한 팀이었다. 나의 주 업무는 체육. 체육부장 한번 안 해본 여교사가 잘할 수 있을지 걱정이 되었다. 업무를 배정한 분들에게 서운했다. 하지만 어떤 일이든 할 수 있어야 한다는 사명감으로 업무에 임했다. 나의 실수나 잘못이 곧바로 교육장님께 누를 끼친다고 생각했다.

10월에 초·중·고 화성 오산 종합 체육대회가 예정되어 있었다. 초·중·고 체육부장 회의를 열고 체육행사 협조를 부탁했다. 체육에 대해 잘 모른다고 솔직하게 고백했다. 체육부장들이 적극적으로 도와주었다. 구기 종목 대진표를 만들고 심판을 배정하였다. 전반적인 기획은 내가 했지만 분야별로 체육부장들이 열심히 도와주었다. 특히 본부석 내빈 좌석 배치에 신경 썼다. 의전이 매우 중요하다는 것을 느꼈다.

화성시와 오산시 2개 지자체 시장과 시의회의 보이지 않는 신경전이 보였다. 큰 갈등 없이 행사를 치렀다. 행사가 끝난 후 교육장님이 장학사 첫 행사를 큰 과오 없이 잘했다고 칭찬해 주었다. 왈칵 눈물이 솟았다. 문외한 체육행사를 준비하며 마음고생을 많이 했다. 무사히 잘 끝내고 칭찬까지 들으니 힘들었던 순간들이 주마등처럼 지나간다. 이렇게 전문직 체육 업무를 시작으로 장학사를 했다.

그 후 전국소년체전, 전국체전 등 우리 시군 학생들을 격려하러 교육장님 모시고 다녀왔다. 힘든 일정이었지만 새로운 경험을 하는 기회였다. 여러 종목에서 금메달을 획득할 때는 뛸 듯이 좋아 소리 높여 응원하였다.

전문직의 본분은 학교 장학지도였다. 일반 장학지도를 학교 현장에 나가야 했다. 사실 화성, 오산은 서울 면적보다도 넓은 곳이었다. 그런 지역 이곳저곳 학교를 찾아다니는 일은 여간 힘든 게 아니었다. 지금처럼 내비게이션도 없으니 길을 물어가며 다녔다. 자가용을 몰고 시골길을 물어물어 학교를 찾아다녔다. 열악한 농촌 교육환경 속에서도 열심히 교육 활동에 임하고 있는 학교에게는 우수교 표창을 주기도 하였다. 교문만 들어서도 그 학교의 분위기가 파악되었다. 관리자의 경영마인드와 교사들의 교육에 임하는 자세가 한눈에 보였다. 교사 시절에는 보이지 않던 것이 장학사가 되고 보니 보이는 것이 신기했다. 나이가 훨씬 선배인 관리자들에게 늘 겸손하게 다가가 장학지도를 하려고 노력했다.

업무가 바뀌어 과학 업무를 맡으면서 초·중학교 영재학급을 운영하게 되었다. 영재캠프도 동행하고 별자리를 관찰하는 활동을 함께하기도 하였다. 우리나라의 미래를 짊어지고 나갈 영재를 키우는 활동을 하는 업무에도 참여하였다.

마지막에는 인사 업무를 맡게 되었다. 타 시군 전입·전출, 관내 인사 작업으로 밤을 새웠다. 실수하면 안 되기에 몇 번씩 검토하고 또 검토하였다. 인사 원칙대로 학교를 배정하였다. 나를 믿고 맡겨주고, 원칙에 맞는다고 두말없이 한 번에 결재해 주신 김○배 교육장님이 고맙고 감사하다. 지금도 그 은혜 잊지 않고 1년에 두 번 만남을 이어가고 있다. 어렵고 힘든 업무였으나 사무보조를 해준 이승○ 주무관이 있어 해낼 수 있었다. 늘 고마운 사람으로 기억된다.

용인백현초등학교
교감으로 발령 나다

2007년 9월 전문직에서 전직하여 용인백현초등학교 교감으로 승진 발령이 났다. 교감 초임으로 용인동백지구 신설 학교로 부임하였다. 학급수가 40학급 정도 되는 규모가 꽤 큰 학교였다. 대학 선배 교장 선생님이 친절하고 따뜻하게 맞아 주었다.

신설 학교라서 신규 선생님이 20명쯤 되었다. 신규 교사들은 경력은 짧지만 열정이 넘치는 젊은 교사들이었다. 학교는 늘 에너지가 넘쳤다. 청소년 단체 활동에도 적극적으로 참여해 활기를 띠었고, 영재 학습 프로그램에도 서로 맡아서 하고 싶어 했다. 대부분의 학교에서는 업무를 덜 맡으려고 기피할 수 있는 활동인데 백현초등학교에서는 기이하게도 무슨 일이든지 서로 잘하려고 했다.

밤늦도록 교실에서 교재 연구하고 수업을 준비하는 젊은 교사들이 너무 예뻤다. 나도 학교에 남아 저녁을 사주며 그들과 함께했다. 넉살 좋은 남교사는 나를 '엄마'라고 불렀다. 성이 같은 한씨라고 '누님'이라고 부르기도 했다. 아이들을 사랑하는 마음이 가득한 천사 같은 교사들이 많았다. 이들이 수업 장학을 할 때마다 꼼꼼히 장학지도 내용을 적어서 주었다.

교육과정계획과 교재 연구록을 검토하여 스티커를 붙여 지도해 주었다. 관리자의 조언 한마디 한마디를 탈지면의 물 빨아들이듯 받아들이고 발전하는 모습을 보여 뿌듯했다. 학교 분위기는 연구하는 분위기, 서로 아끼는 분위기로 바뀌었다. 내 생애 다시 못 올 관리자의 행복을 그들이 꿈꾸게 해주었다.

이런 분위기를 바탕으로 다양한 학교 활동을 전개하였다. 그 내용을 보고서로 제출하니 도 교육청 표창장을 쓸어 왔다.

경기도 교육청 지정 '창의성' 시범학교를 운영하게 되었다. 학생들의 창의성을 기르기 위해 다양한 교육프로그램을 만들고 수업에 적용하였다. 신규 선생님들의 창의성이 빛나는 시범학교 운영이었다. 시범학교 발표회도 어디서 보지 못할 창의적인 보고회를 하였다. 모두 젊은 신규 교사들의 아이디어와 시범이 보고회 참석자 모두를 놀라게 하였다. 대단히 성공적인 발표회를 하였다.

한○○ 선생님은 누가 시키지 않았는데 자칭 축구팀 감독이 되었다. 교장 선생님은 가칭 구단주, 20대 젊은 남교사는 에너지가 넘쳐 흘렀다. 5, 6학년 남학생 축구팀을 만들었다. 축구를 한창 좋아할 5, 6학년 남학생들이 축구팀에 들어오려고 줄을 섰다. 아침 8시부터 수업 시작 전까지 운동장에서 자칭 감독 한 선생님은 땀 흘리고 뛰어다니며 아이들과 축구를 했다. 봄부터 시작한 축구팀이 가을쯤 되니 제법 잘하는 듯했다.

그해 가을 용인시 아마추어 초등부 축구대회에 출전했다. 전문적인 코치에게 지도받은 팀이 아니라 별 기대하지 않았다. 대회 당일은 일요일이었다, 교감인 내가 인솔 버스에 탑승하여 가면서 1승만이라도 거두길 기대했다. 그런데 기적이 일어났다. 1승, 2승 계속 이겼다. 너무 신나서 큰 소리로 목이 쉬도록 응원했다. 결승까지 올라가 교장 선생님께 전화하니 급히 오셨다.

결승에서 이길 수 있을 것 같았다. 학부모들이 뛰어오고 교장 선생님도 오셨고, 결승은 더 흥미진진하게 전개되었다. 결승에서 우리 학교 축구팀이 우승했다. 초등학생 축구 경기가 이렇게 재미있고 신나는 일인지 몰랐다. 축구 선수 중에는 담임에게 대들고 반항했던 6학년 녀석들이 몇 명 있었다. 축구 우승을 계기로 그 아이들은 학교의 축구 스타가 되었다. 담임과의 관계도 원만해지고 무사히 6학년을 졸업했다. 그날 저녁 축구 선수들과 부모 모두 우승 축하 파티를 했다. 학교 정문엔 플래카드가 붙고 조회 시간엔 축구 선수들을 격려하고 전교생이 축하해 주었다.

2007년 9월 교직원 밴드를 조직해 학교 축제 때 발표했다. 운동장에서 풍선을 흔들며 음악에 맞추어 학생, 학부모, 교사가 즐거운 한때를 보냈다. 교직 생활 중 이런 행사는 처음이었다. 정말 즐겁고 재미있는 축제를 학생, 학부모, 교직원과 함께했다. 신규 교사들은 칭찬과 격려만 해주면 무슨 일이든 척척 해내었다. 정말 기특하고 대견했다. 나 역시 날개를 단 교감으로 신나게 뛰어다니며 교사들, 학생들과 어울렸다.

열정 가득한 신규들과 2년간 함께 근무하다가 가정 사정으로 안산으로 전근을 오게 되어 헤어지게 되었다. 갑작스러운 전근 소식을 들은 교사들은 무척 놀라워했다. 송별회 날 울며 아쉬워하며 밤늦도록 헤어지지 못했던 선생님들, 참으로 행복한 교감 시절이었다. 그 선생님들이 얼마나 그리운지 전근 온 한 달 만에 다시 용인백현초등학교를 찾아갔다. 후임 교감 선생님에게는 미안했지만 너무 보고 싶어 교실마다 찾아가 선생님들을 만났다. 이렇게 두 번이나 그곳을 다시 찾아갔으니 이런 사람이 또 있을까?

결혼하는 여교사는 결혼 전 배우자를 학교에 데리고 와서 교장, 교감에게 인사시켰다. 누가 시킨 일도 아닌데 이곳 선생님은 예의도 바르게 상견 인사를 왔다. 한 명 두 명 신규 교사들이 결혼하고 학교를 떠나긴 했지만 지금까지 연락하며 보고 싶어 하는 교사들이다. 이젠 어엿한 중진 교사로 부장을 맡고 있고 승진을 준비하고 있으니 세월의 빠름을 느낀다. 신규였던 교사들이 마흔을 넘어서 중년의 교사로 초등교육 발전에 큰 역할을 하고 있다.

2020년 8월 정년 며칠 전, 용인백현초등학교 신규 교사들이 학교 근처 식당에서 퇴임식을 해주었다. 색등을 달고 현수막을 걸었다. 기타를 치며 축가를 불러주었다. 15년 전 신규 교사들이 어느새 중년이 되어 모였다. 사실 2년 동안 근무를 같이하다 안산으로 전근 왔는데 그 당시 신규들이 나를 인정해 주어 기분이 좋았다. 내가 그들을 사랑하고 아끼고 좋아한 것 이상으로 나를 기억하고 있었다. 코로나 팬데믹으로 퇴임식을 하기 어렵다 생각했는데 교감 때 함께한 신규 교사들이 찾아주니 감동 그 자체였다. 그날 소갈비로 그들에게 답례를 하였다.

사랑의 마음이 듬뿍 담긴 감사패도 받았다.

    함께한 순간은 짧지만 저희 곁에 남기신 그 향기는
    영원히 간직하고픈 추억이 되었습니다.

소탈한 감성으로 그리고 편안한 감동을 보여주신
한명희 교장 선생님의 뜨거운 열정을 영원히 기억하고자
이곳에 우리의 마음을 담아 드립니다.

용인백현초등학교 일동

감동을 준 신규 교사들이 고맙고 감사했다. 영원히 간직할게! 생각만 해도 기분 좋은 선생님들, 교사들 모르게 안산으로 전보 내신을 제출하고 마지막으로 떠난 전 직원 친목여행 때 사랑스러운 이들에게 해주고 싶은 게 있었다. 밤새 교육을 논하고 떠들며 취했던 그들을 위해 바지락국을 끓였다. 따끈한 국물로 속을 달래주고 싶은 엄마의 마음이랄까? 내 손으로 지은 따뜻한 밥과 시원한 국을 아침에 해주었다. 이들과의 이별할 결심을 했기에 더욱 그 아침이 애틋했다. 영문도 모르는 선생님들은 교감 선생님의 아침 준비에 환호성을 질렀다. 약간 눈치챈 사람도 있는 듯했지만 분위기는 즐거웠다. 신규 교사들에겐 교감이라기보다 그저 엄마 같은 관리자로 생각된 것이다. 어디 간들 그들을 잊을까? 사랑과 열정이 넘치는 그들의 모습을 영원히 잊지 못할 것이다. 오래도록 그들을 지켜보며 살아갈 것이다.

공모 심사에 뽑혀
교장으로 발령 나다

2007년부터 도입된 교장 공모제는 승진 위주의 교직 문화 개선 및 민주적인 학교 운영의 필요성, 능력 있는 교장을 공모해 학교 자율화와 책임경영의 실현이라는 취지로 도입한 제도이다. 교육계가 아닌 외부인에게도 교장을 허용하는 개방형, 교장 자격증 소자자 대상의 초빙형, 15년 이상 경력의 교원 대상인 내부형이 있다.

2011년 교장 자격연수를 마치고 교장 자격증을 받았다. 1979년 첫 발령으로 시작한 교직이 교사, 장학사, 교감을 거쳐 교장에 이르는 긴 여정을 숨 가쁘게 걸어왔다. 교장 강습은 청주에 있는 교원대학교에서 합숙하며 교육받았다. 저명한 강사들의 강의를 들으며 현장에서 교장으로서 해야 할 역할과 책무에 대해 공부하였다. 교장 강습자에게 해외 연수의 기회까지 주어 중국 서안-북경의 학교를 탐방하고 왔다. 교장 강습이라 최고의 대우를 받은 느낌이었다. 여기까지 달려오느라 수고했다고 격려해 주는 보상이라 생각했다.

교직 최고의 관리직 교장으로 승진하는 기회가 드디어 왔다. 그러나 발령을 기다려야 해서 초빙형 공모 교장을 선택하였다. 공모 교장은 학교경영제안서에 낸 계획을 제대로 실천했는지 2년에 한 번씩 점검을 받는다. 공모 교장으로서 제대로 된 학교경영을 요구하는 것이다. 사실 이 부분 때문에 공모 교장을 꺼리는 분들도 많은 편이다. 그러나 그 당시 나는 다른 승진 대상자들보다 젊은 편이었다. 열정도 넘치고 하고자 하는 의지도 강한 편이었다. 안산중앙초등학교에 공모교장 학교경영제안서를 제출하고, 학교교직원과 학부모, 교육청 면접관의 면접을 보고 세 명의 지원자 중에서 최종 합격 선정되었다.

학교경영이 교장 혼자 하는 일이 아니다. 학교 구성원 모두가 뜻을 같이하고 힘을 모아야만 이룰 수 있는 것이다.

학교경영제안서를 실현하기 위해 교직원들의 마음을 움직이고 함께 나아가는 학교 분위기 조성을 위해 힘썼다. 불필요한 업무는 간소화하고 교직원들이 자율적으로 협의하고 해결해 나가도록 격려하였다. 가능한 모든 교육 활동은 교직원들의 창의적인 아이디어를 바탕으로 전개해 나가도록 하였다.

안산중앙초등학교는 공모 교장으로 4년, 다시 일반 교장으로 4년 6개월 근무하여 총 8년 6개월을 근무하고 정년퇴직한 학교이다. 안산중앙초등학교는 안산의 중심지 학교였다. 학부모들의 기대에 찬 시선이 느껴졌다. 그만큼 부담스러운 위치의 교장으로 부임하였다. 그 기대에 부응하기 위해 학교 교육을 변화시키기 위해 노력했다.

2012년은 경기도 교육청이 혁신학교 열풍이 한참이던 때였다. '혁신학교'는 교사, 학부모, 학생이 주인이 되어 민주적, 창의적으로 학교 교육을 이끌어 가는 선진적인 교육 활동을 하는 학교였다. 따끈따끈한 신임 교장이니 혁신학교로 지정받고 싶었다. 우선 교직원들이 혁신학교는 교사들을 혹사시키는 학교라는 부정적 시선을 불식하기 위해 모든 협의를 민주적으로 이끌었다. 자유롭게 의사를 표현하고 교직원 복지에 힘썼다. 조금씩 교사들의 태도가 바뀌고 학부모의 전폭적 동의를 얻어 혁신학교를 신청하였다. 엄격한 혁신학교 지정 심사에 통과되었다.

혁신학교로 지정되고 예산이 추가로 지원되었다. 교육과정을 목표에 맞게 자율적이고 창의적으로 구성하여 교육 활동을 전개했다. 획일화되고 수동적인 교사들의 분위기를 능동적, 자율적으로 이끌었다. 교직원 모두 충분한 역량을 지닌 집단이었다. 단지 그들이 창의적으로 일을 할 수 있도록 격려하고 믿고 맡겨주려고 했다. 학교운영위원회 위원장(故 이영근)의 전폭적인 지지와 협조로 학교경영을 하는 데 큰 어려움 없이 해나갔다.

1986년 개교된 학교라 노후 건물이었다. 교실 바닥 교체, 강당 리모델링, 화장실 리모델링, 이중창 교체, 내·외부 벽면 도색, 주차장 확보, 구령대 신축, 냉난방기 교체, 석면 제거 공사, 소 체육실 구축, 멀티미디어 교실 등 학교 시설 개선은 끝도 없이 많았다. 하도 공사를 많이 하니까 학부모 민원도 많았다. 공사를 그만하라고 전화가 오기도 했다. 공사를 하면 학생들의 학습 환경이 힘든 것은 사실이다. 예산을 확보했는데 안 하려니 그 또한 어려운 일이었다. 합리적인 방안을 모색하기 위해 공청회를 열었다. 학생, 학부모, 교직원이 참여했다. 모두가 원하지 않으면 시설 보수하지 않으려고 의견을 교환했다. 의외로 학생들이 시설 보수에 적극 찬성했다. 깨끗하고 좋은 학교 환경에서 공부하고 싶다고 했다. 오히려 교직원들은 공사 피로도가 있는지 반대표를 던졌다. 학부모 다수도 조금 힘들지만 참고 견디자고 했다. 정말 원하지 않으면 예산도 반납할 생각이었는데 다행히도 시설 개선에 모두 찬성해 주어 시설 개선은 이루어졌다. 다수의 힘이 작은 민원을 해결해 주었다.

포춘쿠키를 만들어서 방학식 때마다 전교생에게 나누어 주었다. 쿠

키 속에 들어 있는 행운의 글귀를 읽으며 아이들의 마음에 용기와 희망을 주고자 하였다. 과자도 맛있게 먹고 좋은 글도 간직하고…. 공모 교장 제안서에 있던 공약을 지키려고 하였다.

학교라는 공간에 학부모나 외부인이 함부로 출입하지 못하게 하였다. 아무 때나 학부모가 담임을 찾아오는 일이 없도록 했다. 사전에 상담을 예약하도록 했다. 청소를 핑계로 학교에 드나드는 일도 못 하게 했다. 청소에 참여하지 못하는 학부모의 소외감을 배려하여 청소는 연중 2회, 한 학기에 한 번씩만 대청소 차원으로 실시했다. 불법찬조금을 모금하거나 주는 경우, 받은 담임교사에게 중징계하겠다고 가정통지문을 내보냈다. 촌지나 불법 찬조금을 근절하게 되었다.

이렇게 하니 학부모들의 신뢰가 쌓여 학교 교육 활동에 믿음을 갖고 바라보았다.

육군 부사관이 찾아오다

1990년경 안산중앙초등학교 근무할 때 일이었다. 한창 수업하는데 복도 창밖에 웬 군인 아저씨가 기웃거리고 들여다보고 있었다. 이상히 여겨 나가서 물어보니 "선생님, 저 ○복이에요. 선생님 찾아왔어요! 제가 수원 신곡초등학교 졸업 후, 중고등학교 다닐 때 선생님의 행방을 찾아다녔어요. 지금은 부사관으로 직업 군인이 되었어요." 그 말을 듣는 순간 머릿속에 떠오르는 앳된 소년이 있었다.

1983년 3월 수원 신곡초등학교에서 6학년 담임을 맡았다. 늘 그렇듯이 발랄함과 생기 넘치는 아이들과의 만남에 설레었다. 3월 학년 초라 날씨가 제법 쌀쌀했다. 학교 급식이 없던 시기라 모두가 도시락을 싸 가지고 다녔다. 점심시간이 되면 아이들은 도시락을 꺼내 삼삼오오 모여서 맛있게 점심을 먹었다. 교사 책상에 앉아 나도 도시락을 꺼냈다. 점심을 먹으면서도 교사는 학급 아이들을 관찰한다. 어떤 아이가 외톨이인지, 친한 친구가 누구인지, 식사하는 모습만 보아도 한눈에 교우 관계, 성격, 행동 등을 파악할 수 있었다. 그런데 4교시 마치는 종이 울리면 쏜살같이 교실을 빠져나가는 한 아이가 있었다. 하루, 이틀, 유심히 살피다가 하루는 그 아이를 따라갔다. 운동장 수돗가로 뛰어가더니 수돗물을 틀고 한참 물을 마셨다. 그리고 축구공을 들고 스탠드에서 친구들을 기다렸다. 점심을 먹고 나오는 친구들과 땀을 뻘뻘 흘리며 축구를 신나게 했다. 점심시간이 끝나는 종이 울리면 다시 수돗가로 뛰어가 꼭지에 입을 대고 벌컥벌컥 물을 마시고 교실로 들어왔다. 학급에 도시락을 가져오지 못하는 학생이 있다는 사실을 처음 알게 되었다. 방과 후 조용히 물어보니 집안 형편이 어려웠다. 어쩌다 아버지에게 용돈을 받으면 빵을 가끔 사 먹기도 한다고 했다. 도시락을 못 싸 와 점심시간에 교실에 있을 수 없어 나가야 했다. 13살 어린아이가 점심을 못 먹고 배고플 때마다 물로 배를 채웠을 생각을 하니 가슴이 아프고 눈물이 났다.

다음 날, 점심시간을 알리는 종소리와 함께 뛰어나가려는 아이를 붙잡았다.

"오늘부터 선생님과 점심을 같이 먹자. 한참 자라는 시기에는 잘 먹어야 한다."

쑥스러워 몸 둘 바 몰라 하는 아이를 붙잡아 내 자리 옆에 앉혔다. 식사를 같이하는 내내 무척 불편했겠지만 물로 배를 채우게 둘 수는 없었다. 학급 아이들이 이 장면을 보고 의아하게 생각하는 듯했다.

그러던 어느 날, 반장 아이가 내게 와서 말했다.

"친구들 여럿이 함께 점심 먹는데, ○복이를 저희가 함께 식사하고 싶어요. 저희들이 밥 한 숟갈씩 덜어주면 될 것 같아요." 아이들이 기특한 생각을 한 것이다. 친구의 배고픈 사정을 전혀 알지 못했는데 선생님과 함께 점심을 먹는 친구를 보며 나름 생각을 하게 되었으니 참 고맙고 기쁜 일이었다. 내 옆에서 미안해하며 식사하는 것 보다 친구들과 얘기하며 점심을 먹는 것도 좋을듯해 그리하자고 하였다. 자연스럽게 남자아이들 그룹에 껴서 점심을 먹게 되었다. 십시일반이란 말이 있는데 바로 이 경우에 맞는 말이었다. 학급 아이들도 친구와의 점심 나눔에 적극 동참해 주었다. 점심시간마다 ○복에게 밥을 덜어주는 아이들이 너무 고맙고 기특했다.

그 후 안산으로 전근 오게 되었고, 자녀 출산과 육아, 직장생활로 정신없이 사느라 이런 일들을 까맣게 잊었는데, ○복의 출현으로 기억이 재생되었다.

○복이는 늠름하게 성장하였고, 직업 군인으로 사회생활을 잘하고 있었다. 그동안 여기저기 수소문하며 나를 찾았다니 그 또한 감동적이었다. ○복이가 근무하는 부대에 국군 장병 위문편지를 우리 반 아이들과 보내기도 하였다.

교사의 가장 큰 보람은 제자들이 오래도록 잊지 않고 찾아줄 때이다. 큰돈을 버는 직업도 아니고 권력 있는 직책도 아니지만 이런 제자들을 만날 때 큰 보람과 기쁨에 행복해진다. 그 이후 서로 연락하며 지냈다. 가정을 이루고 자녀들도 생겨 어엿한 가장의 위치에서 열심히 사는 모습이 대견하였다.

2012년쯤 교장으로 승진했을 때, ○복이가 찾아왔다. 선생님의 승진을 축하하기 위해 한 아름의 꽃과 한 상자의 떡을 해 가지고 왔다. 교장실에 들어오더니 맨바닥에 넙죽 큰절을 했다. 선생님 은혜에 보답하기 위해 준비한 선물이라고 했다. 벌써 사십 대의 어른으로, 군인으로 잘 살고 있다고 했다. ○복이는 초등학교 6학년 가장 배고픈 시절에 선생님이 나누어 준 도시락을 감사하게 생각하고 평생 잊지 못한다고 했다. 사실 내가 한 행동에 의미를 부여하지 않았고, 당연히 그렇게 해야 한다고 생각한 일인데, 한 아이의 인생에 오래도록 기억되었다는 것이다.

큰절하는 제자에게 당황하며 엉거주춤 맞절을 하였다. ○복이는 선생님에게 자신이 할 수 있는 최대의 보답을 해드리고 싶었다고 했다. 제자가 가져온 귀한 떡을 교직원들과 나누어 먹었다. 가슴이 뭉클하고 목이 메어왔다. 눈물이 자꾸 흘렀다.

"○복아! 늠름하게 잘 성장해 주어 정말 고맙다. 네가 어린 시절 어려움을 잘 극복하고 건강하고 바르게 잘 자라 대한민국의 국방을 책임지는 부사관이 되었으니 성공한 셈이지. 선생님은 그 누구보다도 네가 자랑스럽다.

그리고 우리 사회에 힘들고 어려운 사람들이 있으면 앞장서 도와주면 좋겠다. 선생님의 42년 교직 생활 중에 기억에 남는 제자로 ○복이가 있음에 교육자로서 보람 있는 것 같구나. 늘 건강하고 행복한 생활 되길 기도한다."

안산시 최초
공립 단설 유치원을 설립하다

　병설 유치원이 5학급이라 공립 단설유치원 설립 필요성이 대두되었다. 병설 유치원이 5학급이라 행정실이 많은 일을 해야 했다. 한마디로 행정실이 병설 유치원 업무처리에 많이 힘들어했다. 단설 유치원을 만들어 내보내야 한다는 소리들이 나왔다.

　안산에 단설 유치원을 건립한 예가 전혀 없는 상태에서 단설유치원을 설립하는 준비를 해야 했다. 무엇보다도 반대의 입장을 가진 학부모를 설득하는 문제가 있었다.

　단설 유치원 건립 공청회를 열었다. 그곳에서 찬반 의견들을 나누며 건립의 필요성을 진지하게 논의하였다. 그 자리에서 찬반 투표를 하였는데 유치원 건립에 다수가 찬성하였다. 장소는 체육관 앞에 단설 유치원을 짓기로 결정하였다. 학부모들 중에는 유치원 공사에 반대하는 사람들도 있었다.

초등학교의 운동장 일부를 유치원에 내어주어야 하는 상황을 학부모들은 원하지 않았다. 유치원을 짓기는 해야겠는데 관리자로서 난감하고 곤혹스러운 순간이었다. 공사 기간 내내 마음을 졸였다, 혹여나 학생들이 공사로 인해 다칠까 봐 안전 교육에 신경을 썼다. 운동장 반 이상에 공사 자재가 쌓여 학생들이 마음껏 뛰놀지 못해 미안했다.

노심초사 마음을 졸이고 잠도 제대로 자지 못했다.

주변의 선배 교장님들이 내게 바보같이 학교 땅을 내주었다고 비난하기까지 했다. 그저 무탈하게 사고 없이 유치원이 지어지길 간절히 기도했다. 유치원은 훌륭하게 지어졌다. 유치원에 맞는 교육환경이 만들어지니 그동안의 고통은 눈 녹듯 사라졌다.

안산 지역에 최초로 공립 단설 유치원이 우리 학교 안에 세워졌다. 새 원장이 부임하고 두 기관의 교육기관이 공존하였다. 한들 유치원 건립은 마치 내 아이를 낳은 듯 애틋하고 정이 가는 유치원이다. 안산 최초로 단설 유치원을 지어 개원하였다.

공립 단설로 안산에서 시설이 제일 좋은 유치원이라 다니고 싶어 하는 원아가 많아 경쟁이 매우 치열했다. 유아 특수학급도 2개 반이 있어서 특수유아에게도 큰 도움이 되었다. 노심초사 힘들게 유치원이 건립되었지만 안산 유아교육에 기여했다는 보람을 느끼게 해주었다.

여름방학 잘 지내세요

2019년 7월 방학식 날, 교장실을 노크하는 소리에 대답하니, 문을 열고 고개를 빼꼼 들여다보는 아이가 있었다. 들어오라고 하니, 얼른 들어왔다. 방학식이 끝나서 집에 갈 시간인데 교장실로 온듯했다.

"교장선생님, 여름방학 건강하게 잘 지내세요."

그 인사를 하려고 내게 왔던 것이다. 교장선생님도 방학하면 집에서 쉬는 줄 아는 모양이다. 김○연이란 3학년 남자아이다. 부모의 이혼으로 친할머니 손에 자랐는데, 교육적인 돌봄이 부족해 3학년이 되도록 한글을 제대로 깨치지 못해 힘들게 공부하고 있었다. 친구들에게 놀림을 받아 울 때가 많았다. 아이의 상황을 알게 되고 매일 등교하는 교문에서 다정하게 인사도 하고, 교장실로 놀러 오라고 했더니 점심시간마다 놀러 왔다. 간식을 준비해 주었더니 매우 좋아했다. 심지어 친구가 때렸다고 내게 알려주고 혼내주라고 하였다. 때린 친구를 불러 사이좋게 지내도록 하고 맛있는 간식도 주었다. ○연이는 학교에 자기편이 생겨 무척 좋았나 보다. 교장실에 자주 놀러 왔다. 늘 우울하고 시무룩했던 얼굴에 생기가 흘렀다. 학습은 느리고 부족했지만 심성은 착하고 여린 아이였다.

문화예술공연 "크리스마스 칸타타"를 부모님과 가도록 티켓을 구매해 주었는데, 데려갈 부모가 없는 상황이라 담임이 학부모를 대신했다. 뮤지컬을 보면서 행복해하는 모습에 나도 기분이 좋았다.

○연이는 나를 엄마나 할머니처럼 따랐다. 하루라도 못 보면 궁금해하고 서로 찾았다. 학부모 참관 수업 날, ○연이 부모만 오지 않았다. 부모가 올 수 없는 아이들을 배려하며 행사를 계획해야 한다는 생각을 했다. 상처받을 ○연이 생각에 마음이 아팠다. 부모와 함께하는 학습활동을 해야 하는데 ○연이는 다른 아이 부모 옆에 끼어서 하고 있었다. 그런 줄 알았다면 내가 학부모 해줄걸…. 아마도 ○연이의 마음속에 아무도 안 온 이 날이 오래도록 슬프게 기억될 것이다. 교사는 한 아이라도 상처가 되는 일이라면 하지 말아야 한다는 생각이 들었다.

2020년 코로나가 기승을 부릴 때, 휴교상태에서 정년 퇴임을 맞았다. 매일 등굣길에 인사하며 맞이하던 아이들과 인사도 못하고 학교를 떠나게 되었다. ○연이와 작별 인사도 못하고 헤어졌다. 1학년부터 4학년까지 자라는 모습을 늘 지켜보았는데, 인사도 못하고 헤어지게 되다니 너무 슬펐다. 잠자리에서 눈 감으면 떠오르는 아이들 중에

○연이는 너무 보고 싶었다. 부족함이 많지만 순수하고 귀여운 ○연이와 정이 많이 들었나 보다. 방학식 날 인사하러 온 귀여운 ○연이. 내게 방학을 잘 보내라고 인사한 ○연이. 코로나로 만나지 못했지만 전화와 크리스마스카드로 소식을 전했다. 잘 자라길 늘 기도한다.

블루마운틴 추억

　1982년 초임지를 떠나 수원 신곡초등학교로 전근을 갔다. 그곳에서 만난 새로운 5학년 4반 아이들. 약간 변두리 지역이긴 했어도 아이들은 순수하고 착했다. 유독 담임을 졸졸 따라다니며 좋아한 한 남자아이가 있었다. 차○석이다.

　1982년 영어교육 시범학교 교육부 지정 연구 교사로 활동하면서 매일 영어 수업을 20분간 했다. 삽화 자료와 녹음기 정도를 사용한 수업이었는데도 아이들의 반응은 폭발적이었다. 기대 이상으로 영어에 관심을 보이고 잘해주었다. 그래서 우리 반이 공개수업, 대표 수업을 여러 번 시행하였다. 어찌 그리 잘해주던지 담임인 내가 감동할 정도였다. 5학년이 지나고 6학년 때 아이들은 각반으로 흩어졌다. 그래도 차○석은 나를 계속 찾아왔다. 그리고 졸업을 맞았다.

결혼을 하고 자녀 출산 등 바쁘게 살아가던 시기에 중학생이 된 차○석의 소식을 들었다. 그리고 또 세월은 흘렀다. 인터넷이 발달하여 facebook에서 차○석을 만났다. 호주에 이민을 가서 살고 있었다. 성인이 된 제자와 연락이 닿아 반가웠다. 어찌 알았는지 내 생일이면 국제 전화를 해주어 깜짝 놀랐다. 한국에 와서 결혼한다고 해 결혼식에도 참석했다. 개구쟁이 귀여운 소년이 사업가 청년이 되어 나타났다. 정말 반갑고 기쁜 순간이었다. 어렸을 때 환하게 웃던 그 얼굴로 내게 손을 내밀었다. 퇴임하면 호주살이 해보고 싶다고 했더니 꼭 오라고 했다.

2020년 코로나 시기에 퇴임했는데 하늘길이 막혔다. 공직을 떠나 자유롭게 여행하고 싶었는데 코로나가 길을 막았다. 백신이 개발되고 차츰 하늘길도 열렸으나 제약이 많은 시기였다. 식당도 제대로 가지 못하고 집에서만 생활하는 시간이 많아 우울한 때가 많았다.

2022년 봄, 차○석과 SNS로 연락하며 지내다 호주 여행을 결심했다. 더 나이 들기 전 내 다리로 걸을 수 있을 때, 호주살이 해보는 꿈을 이루고 싶었다. 코로나 시기라 호주 입국도 무척 까다로운 시기였다. 2022년 6월, 용기를 내어 비행기 표를 예약하고 남편과 시드니로 떠났다. 차○석이 공항에 마중 나와주었고, 피터스역 근처 숙소도 미리 정해주어 편하게 짐을 풀었다. 호텔에서 사용할 전기요, 전기냄비, 수저 세트 등을 준비해 주었다. 매일 아침 식사는 호텔에서 간단히 하였다. 5일째 되는 날, 블루마운틴 캠핑을 가게 되었다. 차○석은 '네발로'라는 한인 동호회를 이끌고 있었다. 산악 자동차를 타고 블루마운틴 이곳저곳을 누비고 다니며 캠핑하는 모임이었다. 웬만한 산 능선과 개울도 거뜬히 건너고, 푹 파인 비탈길도 거침없이 올라가며 스릴을 즐기는 사람들이었다. 내게 이런 산악 자동차 드라이빙 경험을 해주고 싶어 캠핑 날짜에 맞춰 오라고 한 것 같았다. 십여 명의 회원들이 가족들을 동반하고 각자 준비해 온 음식들을 뷔페처럼 차려놓았다. 맛있는 음식들을 나누며 이민자의 고단함, 어려움, 고민들을 나누고 서로 위로하며 의지하는 한인 교포들이었다. 준비해 간 고량주를 내놓았는데 인기 폭발이었다. 작은 잔에 나누어 마시며 즐거워하는 모습에 흐뭇하였다. 동호회 회장님께 초대해 주어 고마움을 표시하며 호주 달러를 조금 찬조하였다.

산 위에서 모닥불을 피우고 고구마도 구워 먹고 밤새도록 이야기를 나누었다. 이민 초기에 고생한 이야기들도 들었다. 유칼립투스 나무가 주종을 이루는 블루마운틴에서 불을 피우는 게 신기했다. 자주 산불이 나지만 유칼립투스 나무는 죽지 않고 또다시 싹을 틔우고 자라난다고 한다. 산불 방지를 위해 입산 금지 시키는 우리나라와는 좀 다른 것 같다. 아마도 산 정상에서 불 피우면 한국에서는 처벌을 받을 일인데 여기저기 불을 피우며 캠핑을 한다니 신기한 일이다.

1000m 이상 되는 산 위는 바람이 쌩쌩 불었다. 면역력이 약한 선생님 내외가 감기 들까 봐 외투, 침낭, 야전 침대까지 준비한 제자의 정

성에 감동했다. 난생처음 텐트를 치고 블루마운틴 산 위에서 잤다. 텐트가 날아갈 듯 거센 바람이 몰아쳤는데 다행히 텐트는 무사했다. 아침에 일어나니 식당처럼 사용한 큰 텐트만 날아갔다. 손자랑 나이가 같은 교포 소년과 이야기를 나누었다. 애국가도 잘 부르고 한국말도 참 잘했다. 이민 와서 살아도 한국인의 뿌리를 잊지 않게 해주려고 부모들이 노력하는 모습에 감동했다. 동호회 회장님이 스승님 왔다고 블루마운틴의 아름다운 곳을 이곳저곳 구경시켜 주었다. 마치 그랜드캐니언 같은 풍경이 수없이 펼쳐져 있었다. 사람의 발이 닿지 않은 듯 원시의 모습 그대로였다. 눈으로 다 담을 수 없지만 가슴속에 감동을 가득 채웠다. 특히 원주민들이 1만 년 전에 그렸다는 암벽 손자국 그림이 있는 곳도 보여주었다. 정말 신기했다. 오래전 이 산속에 원주민이 동물들을 사냥하며 살았을 생각을 하니 그곳이 더 새롭게 보였다.

호주살이 해보는 게 꿈이었는데 제자 덕분에 블루마운틴 야영까지 해보고 참 행복했다. 시드니 비비드 축제 기간이라서 볼거리도 많았다. 열흘 동안 지하철을 이용해 도시 구석구석 자유롭게 지냈다. 거의 매일 서큘러 키 역까지 놀러 갔다. 오페라 하우스, 하버 브리지, 피시 마켓, 보타닉가든, 달링하버, 스타시티 카지노, 주립도서관 등 여유롭게 걸어 다니며 구경했다. 뉴사우스웨일스 주립도서관 카페에서 점심으로 샌드위치와 커피도 마셨다. 서큘러 키 역에서 배를 타고 맨리 섬에 갔다. 석양이 아름다운 해변을 바라보며 아이스크림을 먹었다. 타롱가 동물원에 배를 타고 건너가 호주의 동물들을 구경하였다. 잠꾸

러기 코알라의 모습이 신기하고 귀여웠다. 멜버른에서 일주일간 머물고, 케언즈에서 열흘, 다시 시드니 킹크로스, 센트럴에서 열흘을 지냈다. 제자 덕분에 블루마운틴 캠핑을 비롯한 값진 추억들은 오래도록 기억될 것이다.

다양한 사회활동에 참여하다

영복여고 총동문회장

1977년 2월 수원 영복여자고등학교를 졸업했다. 사립재단 학교인 영복여자중학교, 영복여자고등학교를 6년간 다녔다. 신설 학교라 학교 건물도 미완성인 상태라서 운동장 돌 줍기, 벽돌 나르기, 나무 심기 등 작업에 동원되기도 했다. 2회 졸업생이라 학교에 대한 애정이 남달랐다. '이화순' 초대 교장 선생님이 여학생들을 딸처럼 대해주었다. '바르고 아름답게, 슬기로워라' 교훈처럼 슬기로운 여성으로 살아가라고 강조하였다. '목련꽃'이 교화였다. 여학생들의 심성이 순백의 목련처럼 자라길 바란 것 같다.

교장 선생님은 심지어 나의 결혼식까지 오셔서 축하해 주었다. 고등학교 3년 동안 우등생으로 전액 장학금을 지원받아 공부하고 졸업했으니, 학교로부터 받은 혜택이 매우 컸다. 늘 고맙고 감사한 모교였다. 성인이 되어 반드시 모교를 위해 뭔가 해야겠다고 결심했었다.

취업해서 수입이 생긴 때부터 동문회에 기부했다. 특히 어려운 가정환경 속에서 공부하는 후배들에게 장학금을 지원하고 싶어 작은 정성이지만 기부하는 것이 모교에서 받은 은혜에 보답하는 길이라 생각했다. 영복여자고등학교 재직 동문의 추천을 받아 두 명의 재학생에게 매달 장학금을 계좌로 보내주었다. 고3 특강 수강료에 보태 쓰라고 보냈다. 지원한 학생들이 경희대학교, 부산외국어대학교에 합격했다는 소식을 듣고 기쁨과 보람을 느꼈다. 나의 작은 힘이 후배에게 도움이 되어 너무 기뻤다. 후배들과 교류하면서 부탁한 것은 단 한 가지. 언젠가 능력이 될 때 동문 후배들을 위해 일해달라고 하였다.

2011년 영복여자고등학교 총동문회 회장으로 취임하였다. 모교 동문을 위해 봉사할 기회가 왔다. 우선 동문회 기금 마련을 위해 바자회를 두 번 개최하였다. 티켓 판매와 모금으로 1억 원 이상 기금이 마련되었다. 동문을 위한 음악회도 열었다. 영복여자고등학교 밴드부와 현악부가 출연하고 동문 성악가, 연주가들이 참여했다. 멋진 드레스를 입고 직접 사회를 보게 되었다. 내 생애 처음으로 큰 무대에서 마이크를 잡았다. 음악회를 성황리에 잘 마쳤다. 기획하고 준비하느라 바쁜 시간을 보냈지만 동문 화합과 애교심을 불러일으키는 데 일조했다고 자부한다. 고인이 되신 "이화순"교장 선생님이 하늘에서 환하게 웃으시며 기쁘게 내려다볼 것 같다.

"그래, 참 잘했구나…. 우리 제자!" 목소리가 들려오는 듯하다.

크리스토퍼 8기(Christoper Readership Course)

1999년 남편과 크리스토퍼 리더십 교육을 받았다. 1주에 3시간씩 11주간 진행되는 참여식 수업이다. 효과적인 의사소통, 개인의 잠재능력 개발, 타인의 행복 증진과 리더십의 실천을 목표로 소통하는 리더를 양성하는 교육이다. 용기와 자신감을 회복하고 열정적인 리더가 되게 하는 효과 있는 프로그램 학습이었다. 11주 동안 남편과 한 번도 빠지지 않고 열심히 다녔다. 이 교육 프로그램을 통하여 남편과 소통하고 이해하는 기회를 갖게 되어 가장 좋았다.

개근하면 수료식에 금장으로 된 수료장을 주었다. 수료한 회원이 모여 월 1회 모임을 갖는다. 사회에 봉사할 시간을 내기 힘들어 어려운 환경의 학생들에게 장학금을 전달하는 일을 했다. 주로 내가 근무하는 학교의 어려운 학생들에게 장학금을 기부하였다. 대신 모임 회장에게 학교장의 감사장을 전달했다.

친목을 다지기 위해 국내 및 국외 여행도 여러 차례 다녀왔다. 벌써 25년 이상 우의를 다져나가고 있다. 학교라는 좁은 울타리에서 생활하다가 의료계, 교육계, 법조계 등 다양한 분야에서 활동하는 회원들과 정보를 나누고 공유하며 지낸다. 학교 밖 세상을 보며 시야를 넓힐 수 있어 좋았다. 지금도 애정을 갖고 만남을 매월 이어가고 있다.

피닉스 4기(Phoenix)

피닉스란 불사조란 의미로 영원히 죽지 않는 전설의 새와 같이 어떠한 어려움이나 고난에 빠져도 굴하지 않고 이겨내는 사람을 나타낸다. 피닉스 리더십은 세계적인 동기부여가 브라이언트레이시의 성공시스템이며 세계 85개국 500만 명 이상의 사람들에게 성공의 성취심리를 부여하였다. 세계적인 기업들이 앞다투어 피닉스 교육을 도입하여 매출을 높였다고 한다.

시아버님의 추천으로 2004년 남편과 피닉스 4기 교육을 받았다. 크리스토퍼 교육을 남편과 함께해서 좋은 경험을 가졌기에 피닉스 교육도 같이 하기로 했다. 참여식보다는 강의식이라서 지루한 느낌은 있었지만 불사조 피닉스 교육은 리더십 역량을 키워주었다.

장학사, 교감, 교장의 업무를 수행할 때 개개인의 동기부여와 조직의 역량을 강화하는 데 큰 도움을 준 교육 활동이었다. 수료 후 현재까지 회원 모임을 계속하며 상호 간의 역량 강화로 '윈윈'하고 있다. 태국, 일본, 대만 등 해외 연수도 함께하며 우의를 다지고 있다. 현재 만년 총무로 활동하고 있다.

안산지역사회교육협의회(KACE)

정주영 회장이 초대 회장으로 1969년 설립된 대한민국의 비영리

민간단체이다. 학교 개방과 학부모 참여를 통한 지역사회학교 활성화에 힘쓰는 협의체이다. 교육공동체 형성을 위한 청소년, 부모, 지역주민 대상 프로그램을 개발·보급하고 있어 학교폭력, 인성, 리더십 교육 활동에 강사를 초빙하였다. 안산 협의회 회장의 추천으로 2013년 안산지역사회교육협의회 이사로 위촉받았다. 안산지역사회교육협의회의 월 회비를 내고, 연간 활동 및 예산 심의를 하면서 지역 교육 발전에 이바지하는 것 같아 뿌듯해지기도 한다. 지역사회협의회에서 진행하는 평생교육을 수강하기도 하는 특전을 누리기도 한다.

광덕회

안산 관내 기관 단체의 장들로 구성된 단체로 지역 발전에 기여하는 것을 목적으로 하고 있는 단체이다. 회원 상호 간에 적극적인 교류와 정보교환 등을 통해 관내 기관과 단체 간 협력체계를 확립하고자 만들어진 모임이다.

1995년 만들어졌고 모임 결성 초에는 안산시장이 회장직을 수행해왔다. 2006년부터 민간 주도로 위임되면서 안산시 리더들의 조찬 모임이다. 시장을 비롯해 국회의원, 시의원, 경영인, 기관장, 협의회장 등 120여 명이 회원이 있다.

2012년 교장으로 승진하니 시아버님이 권유하여 가입하게 되었다. 매월 둘째 주 목요일 아침 7시에 모여 유명 강사의 강의를 듣고, 아침 식사를 하며 교류하는 시간을 가졌다. 다양한 직종의 기관장들의 삶의 모습이 각양각색으로 사업장을 홍보하기도 했다.

안산시 발전을 위해 지역사회의 리더로서 해야 할 일을 찾아 활동하기도 하였다. 어려운 이웃돕기, 광덕대상, 산불 주민 돕기 등 지역사회를 위해 많은 일을 하는 단체이다. 워낙 뛰어난 인재가 많아 나서지 않고 조용히 뒷전에 있는 편이다.

현직에 있을 때에는 초등학교 교장으로서 학교 교육 활동과 시설 보수의 필요성을 시의원들에게 피력하고 재정 지원 협조를 얻어내기도 하였다. 연로하신 시아버님을 93세까지 새벽에 모시고 참석했다. 최근에는 94세 아버님이 거동하기 힘들어서 혼자 조찬회에 간다. 아버님이 안 계신 조찬회가 왠지 쓸쓸하고 허전한 건 왜일까? 아버님의 그늘이 참으로 컸다는 생각이 든다. 조찬 식사를 하면서도 울컥 눈물이 난다.

안산시청 인사자문위원

2016년 안산시청의 인사자문위원으로 위촉되어 6년간 활동하였다. 안산시의 인사자문위원으로 승진, 징계, 채용 등에 관련한 일에 자문 활동을 하였다.

1985년부터 안산에 거주하면서 안산에 대한 애정이 남달리 컸다. 벌판 같던 안산이 계획된 도시로 관공서, 학교, 아파트, 주택, 상가, 도로가 건설되어 가는 모습을 보며 살았다. 자문위원을 끝마칠 때 부시장님이 식사대접을 해주며 감사의 뜻을 전해주기도 했다. 안산 시민으로 40년을 살면서 보람 있는 일을 했다고 자부해 본다.

수원지방법원 안산지원 민사 · 형사 조정위원

지역사회에서 봉사할 일을 찾다가 2014년 수원지방법원 민사 조정위원으로 위촉되어 현재까지 활동하고 있다. 교육계에 종사하는 관계로 비교적 건전하고 반듯한 삶을 살아온 편이다.

법에 저촉되는 행위 자체를 생각해 보지도 않았다. 조정위원을 하면서 다양한 삶의 현장을 목격하고 상식적인 선에서 조정을 할 수 있도록 노력했다. 원고, 피고의 억울함과 상처받은 마음을 토로하면 들어주고 어루만져 주는 일을 하였다. 감정적인 소송이 의외로 많았다. 원고, 피고의 소송이 판사한테까지 가지 않고 중간에서 조정하여 주는 일을 하면서 보람을 느낀다.

2024년 수원지방 검찰청 형사 조정위원으로 위촉되었다. 비대면 조정을 하기에 스마트폰을 이용한 작업이 필요하다. 고소인 · 피고소인의 사건 · 사고에 관한 내용을 파악한 후, 피해 보상에 대한 조정을 해주는 일을 하는 것이다. 편중되지 않은 중재가 중요하다. 민원을 야기할 수 있는 소지가 많은 업무이기도 하다. 조정이 성사되었을 때 그 보람도 매우 크다.

주택연금 명예홍보대사

정년 퇴임 후 2021년 한국주택금융공사에서 주택연금 명예홍보대사로 위촉되어 현재까지 활동하고 있다. 노년층의 주거와 생활 안정에 기여하는 홍보대사이다. 베이비 붐 세대들은 부모 봉양과 자녀교육으로 자신의 노후 준비가 빈약한 편이다. 자가 주택에 죽을 때까지 살면서 주택연금을 받도록 하는 것이다. 부부 모두가 혜택을 마지막까지 받을 수 있다는 것을 홍보하였다. 내가 소속한 각종 모임 단체에게 주택연금을 홍보하였다. 명함을 나누어 주며 홍보활동을 활발히 했다. 홍보 중 가장 큰 성과는 큰언니가 주택연금을 받으며 생활하게 된 것이다. 노후 걱정 없이 즐겁게 생활한다. 나의 홍보 효과가 노후의 안정을 가져오게 되었다니 그 또한 보람 있는 일이다. 1년에 한 번씩 홍보활동 보고서를 제출하면 우수 홍보대사로 뽑혀 상금을 받을 때가 많다. 큰 상금은 아니지만 기분 좋아서 주변 사람들에게 식사를 대접해 주기도 한다.

여교장 동아리

안산교육지원청의 예산 지원받아 2018년 오카리나, 라인 댄스 동아리를 조직했다. 매주 1회씩 안산중앙초등학교에 모여 오카리나를 배웠다. 경기도 안산교육지원청 교원 예술발표회에 참여하여 발표도 하였다. 안산교육지원청 초·중·고 교장회의에서 식전 행사로 연주하기도 하였다. 부족한 솜씨지만 배움의 즐거움과 재능기부의 기회가 되었다. 화성시에서 개최하는 초등학교 교장 연찬회에 참여하여 연주하기도 하였다. 한양대학교 게스트 하우스에서 음악 캠프도 하며 회원 간의 우의를 다졌다.

라인 댄스는 현직에 있는 교사가 강사가 되어 지도해 주었다. 사실 무릎이 안 좋아서 댄스하기에는 적절하지 않았지만 열심히 하였다. 퇴직 후에 코로나 팬데믹으로 인해 동아리 활동을 하지 못했다. 함께 했던 동아리 회원들이 그립고 보고 싶었다.

코로나를 잘 극복하고 2023년 8월 동아리 회원들이 다시 모였다. 오카리나를 연주하고 싶어 하는 회원들이 모여 10월부터 동아리 활동을 시작했다. 굳어진 손을 풀며 오카리나를 배우고 연주하였다. 고운 음색을 들으면 심신이 안정되고 행복해진다. 음감이 부족한 편이라 잘하진 못해도 동아리에 참여하는 그 자체가 즐거운 시간이 된다.

함께 아름다운 선율을 연주한다는 "함선율" 동아리가 탄생하여 현재까지 활동이 이어지고 있다. 이 동아리가 경기서부지회장 취임식 식전 행사에 연주해 행사 분위기를 따뜻하게 해주었다.

본오동 성당 봉사활동(레지오, 소공동체 반장)

1983년 1월 고등동 성당에서 결혼식을 하였다. 신자인 남편과 비신

자인 내가 관면혼배를 했다. 영세받을 것을 약속하고 결혼식을 성당에서 하게 해주었다. 주례 신부는 '김정원' 신부님.

1983년 교리교육 후 부활절에 영세를 받았다. 세례명은 '수산나'이다.

두 아이를 낳고 기르며 직장생활 하느라 눈코 뜰 새 없이 바쁘게 지냈다. 겨우 주일을 지키는 것이 신앙생활의 전부였다. 아들과 딸의 첫 영성체 교육은 열심히 보냈다. 다행히 잘 따라주어 영세를 무사히 받고 신자가 되었다. 그 후 견진을 받았다.

늘 부족하고 목마름이 있는 신앙생활이었다. 퇴임하고 시간이 되면 성서 공부도 하고 신앙을 좀 더 가까이하고 싶었다. 그러나 퇴임 후 코로나로 인해 성당 문이 닫혀 성서 교육을 받을 수 없었다. 온라인으로 하는 4가 복음(마르코, 마태, 루카, 요한)교육을 신청하고 교육서도 샀다.

원격이라서 홀로 컴퓨터를 보며 수녀님의 강의를 들었다. 강의를 듣는 수강생들의 얼굴이 화면에 가득 떠 있다. 자리를 떠나도 금방 알 수 있는 상황이었다. 여행 가서도 핸드폰으로 강의를 들을 수 있으니 세상은 참 좋은 세상이 되었다. 마음만 먹으면 하고 싶은 것을 모두 할 수 있는 것이다. 성서를 공부하니 신앙에 눈을 조금씩 뜨기 시작했다. 미사 중에도 내가 아는 성서 구절이 나오면 반갑고 귀가 번쩍 뜨였다. 성서를 읽고 묵상하기 시작했다.

2023년 1월 지인의 권유로 레지오 '천주의 성모' 팀의 일원이 되었다. 일주일 동안 활동한 것을 매주 수요일에 모여서 보고하였다. 냉담자 회두권면, 봉사활동, 장례미사 참례, 미사, 성경 읽기, 화살기도, 복음 묵상, 주모경, 사제를 위한 기도, 성소를 위한 기도 등을 보고하였다. 활동 중에서 성경 읽기가 제일 좋았다. 차근차근 매일매일 성서를 숙제처럼 읽게 되었다. 조금씩 성서의 맛에 빠져들기 시작했다. 성서를 읽고 묵상하는 시간도 신앙을 살찌우는 일이 되었다.

주일 미사만 겨우 참례하던 내가 조금씩 평일 미사에 참석하게 되었다. 2024년 부활 전야 성체조배 후 주님수난 성금요일 미사에 참여하였다. 미사를 마치고 돌아오는 길에 구역장을 만났다. 우성 2구역 반장을 맡아달라고 하였다. 레지오 활동 외에 뭔가 봉사를 더 해야겠다는 생각이 들었다. 선뜻 하겠노라고 했다. 이 또한 하느님이 내게 기회를 주는 거란 생각이 들었다. 반장 임명장을 받고 무슨 일을 해야 하는지 잘 모르는 가운데 봉사단원이 되었다. 성당 청소도 하고, 구역 반 모임을 하고, 성전 건립 기금 마련을 위해 물품 판매도 하였다. 성전 마무리 공사를 위한 기금 마련을 위해 바자회를 한다고 해서 티켓도 판매하였다. 그동안 나와 관계되는 일만 하고 살았는데 공동체를 위해 봉사를 한다고 하니 힘은 들어도 즐겁고 행복한 시간이었다. 봉사하는 기쁨이란 게 이런 것인가 보다. 봉사자들과의 교류로 삶의 활력도 생겼다. 월 1회 봉사자 교육을 받고, 월 1회 구역 반 모임을 하며 성서 말씀을 나눈다. 그동안의 생활을 돌아보고 반성하는 시간, 서로를 위로하고 격려하는 시간을 갖는다. 내가 활동하지 않던 시기에 누군가 나 대신 봉사활동을 해주었으니 이젠 내가 할 차례라 생각되었다. 봉사 단체에 들어가길 잘했다 생각한다.

안중회

안산 근로복지공단 안산병원 중심발전자문위원회 회원으로 활동하게 되었다. 자문하는 병원의 발전에 동참하고 회원 간의 친목도 다졌다. 초대 회장을 역임한 시아버님(안병선)의 권유로 회원에 가입하였다. 임호영 병원장님의 리더십으로 병원이 날로 발전하였다. 특히 회원이 병원에 입원하거나 이용할 때 병원비 30% 할인 혜택을 준다. 건강이 안 좋은 편인 내게 많은 도움을 주었다. 급하게 입원을 해야 할 경우 간호부장님 등 의료인들이 큰 도움을 주었다.

산업재해병원으로 시작해서 정형외과 재활치료 환자가 많은 병원이다. 또 탄광촌에서 일하다 진폐증에 걸려 장기 치료를 받아야 하는 환자들을 정부가 지원하여 돌봄을 받는 곳이기도 하다. 건강검진 병원으로 홍보를 하기도 하고 진료 안내도 해주는 역할을 하기도 한다.

의료진들이 회합 때 참석해 건강 정보를 강의하거나 알려줄 때가 많다. 덕분에 건강에 큰 도움을 주는 단체이다. 기회가 되면 병원에서 안내하는 봉사활동을 해보고 싶다. 그럴 날이 오리라 믿는다.

안산여성자치대학 33기

2023년 안산시에서 지원하는 안산여성자치대학에 등록하고 3개월간 강의를 수강하였다. 우수한 강사진들이 다양한 교양과 소양을 갖추는 여성으로 성장하도록 교육했다.

  개강식과 수료식을 성대하게 했다. 안산시장님, 대학 총장님, 원장님, 선배 동문들이 참석하여 아낌없이 축하해 주었다. 수료식 후 함께 교육받은 33기 동기모임을 하였다.

  회장님을 중심으로 사무국장, 재무국장이 모임을 잘 이끌어 가고 있다. 회원의 숫자가 많지는 않다. 의미 있는 모임으로 이끌기 위해 안산시에서 진행하는 봉사교육을 받기로 했다. 봉사교육을 마치면 '반딧불'이라는 이름으로 우리만의 봉사 단체가 탄생한다. 봉사가 필요한 곳에서 요청이 오면 봉사활동에 참여할 예정이다. 만나서 밥 먹고 헤어지는 모임이 아니라, 봉사하며 보람도 느끼는 모임으로 발전할 것이다.

🌼 안산시 교장 퇴직자의 오카리나 연주 모임-함선율

미래의 나

얼마나 살 수 있을까?

60세가 넘어서니 남은 생에 대한 생각이 많아졌다. 22세에 직장에 들어가 42년간을 교육 하나만을 생각하며 살아왔다. 결혼하고 가정을 꾸리고, 자녀 양육하면서도 직장생활은 계속해 왔다. 문득문득 배우고 싶은 것, 하고 싶은 일들이 떠올랐지만 시간에 쫓겨 하질 못하고 시간을 떠나보냈다.

56세 때 갑상샘암 수술을 하면서 잠시 나 자신에게 브레이크를 걸었던 시기도 있었다. 쉬운 암이라곤 하지만 피곤함과 함께 공황장애도 따라왔다. 불면증, 어지럼증, 가슴 답답함, 소화 장애 등 동시다발로 증상이 나타날 때가 자주 있다. 또 무릎 연골이 퇴행하여 계단 오르내리기가 힘들어 건물만 들어가면 엘리베이터를 찾느라 두리번거린다. 어쩔 수 없는 노령으로 들어선 나이가 되었다.

사람이 얼마나 살 수 있을지는 하느님만 알고 계실 것이다. 신이 준 수명을 후회 없이 살아보려고 한다. 미래의 나는 수명이 다할 때까지 하고 싶은 일, 좀 더 가치 있는 일들을 하며 지내려고 한다.

가장 중요한 것은 건강

제일 먼저 건강관리에 신경을 쓰겠다. 건강해야 나의 미래도 행복하고 기운차게 살아갈 수 있다. 건강 증진을 위해 헬스장에 열심히 다니겠다. 현재도 다니고 있지만 더 열심히 유산소 운동을 하고 근력 강화에 힘쓰겠다.

운동을 하면서 늘 중얼거리는 말이 있다. "과유불급(過猶不及)" 아무리 좋은 운동도 지나치면 오히려 독이 된다고 생각한다. 강도를 너무 높이거나 오래 하지 않으려고 노력한다. 이미 노화되기 시작한 몸을 혹사하지 않으려고 한다. 두세 시간씩 헬스장에서 운동하는 사람을 보면 신기하다.

오랜 시간 직장생활에서 오는 스트레스가 쌓여 정신건강이 나빠졌다. 2016년 1월 심장이 멎는 것 같은 통증으로 119 구급차를 탔다. 응급실에서 심장 이상을 발견하지 못했다. 2~3일 입원 후 퇴원했다. 며칠 후 다시 같은 심장 통증으로 응급실에 실려 갔다. 심장에 문제 있는 것이 아니라 정신과 증상인 공황장애 진단을 받았다. 한 달에 한 번씩 정신건강과에 다녔다. 긍정적인 성격인데도 공황장애를 앓게 됐다. 가족들도 주변 지인들도 놀라워했다.

타인에게 싫은 내색을 못 하는 성격으로 속상한 일도 꾹꾹 가슴에 담아두는 성격을 지녀 수년간 쌓인 스트레스가 병이 되어 폭발한 것이다. 힘들면 힘들다 표현하며 살았어야 했는데, 가정이나 학교 모두 내게 힘에 버거운 짐을 지게 해주었던 것 같다. 장학관 서류를 내 볼까 생각했다가 포기했다. 소심한 성격에 견뎌내질 못하면 그 또한 건강의 독이 될 거라 생각했다. 교장까지 승진해 한 학교의 기관장으로 일할 수 있는 축복을 받았는데 더 큰 욕심 내지 말자며 서류를 준비하다가 슬그머니 없애버렸다. 건강을 먼저 챙기자고 다짐했다. 2019년까지 치료 후 약을 서서히 끊고 거의 완치되었다고 믿었다.

2022년 원인을 알 수 없는 미열과 근육통, 어지럼증, 식욕감퇴, 체중감소로 병원에 입원했다. 뇌에 이상이 있나 MRA, MRI를 촬영하고 온갖 검진을 다 했다. 서울대학교병원, 아산병원 등 대형 병원에 가서 진찰했으나 큰 이상이 없다고 했다. 체중이 10㎏ 이상 감소하니 덜컥 겁이 났다. 백혈병이나 골수암인가? 병의 원인을 알 수 없어서 온 가족의 걱정을 한 몸에 받았다.

안산병원에 한 달 이상 입원하다 대학병원 가정의학과를 가니, 병의 원인이 교감신경과 부교감신경이 균형을 잃어 공황장애가 또 온 거란다. 다시 정신과 치료를 시작하면서 병은 호전되고 예전의 건강을 되찾아 갔다. 한동안 의사들이 병명을 찾지 못하니 더욱 불안해져 잠을 못 이루니 불면증 치료도 함께 받았다. 입맛이 없어 식사를 못하니 정말 죽을병에 걸렸다고 생각했다. 죽음의 문턱을 맴돌 때 울면서 기도했다. 제게 조금만 더 삶의 기회를 준다면 그동안 하지 못한 봉사를 하겠노라고 했다.

식단 관리를 잘하려고 한다. 탄수화물을 좋아하는 나의 성향을 고쳐나가려고 한다. 단백질, 칼슘 등 골고루 음식을 섭취하여 영양의 균형을 이루도록 하겠다. 나 자신을 위한 식단과 먹거리에 아낌없이 투자하려고 한다. '거꾸로 식사'를 하려고 한다. 식사 순서를 야채, 단백질, 지방, 탄수화물 순으로 먹으려고 한다. 식사 순서만 바꾸어도 건강에 도움이 된다고 전문가들은 말한다. 수저를 들 때마다 거꾸로 식사를 떠올리며 식사를 하려고 노력한다.

신앙

성경에 "매사에 기뻐하라, 기도하라, 감사하라."라는 말이 있다. 요즘 잠자기 전에 기도하면 너무 행복하다. 오늘 하루 건강하게 지낼 수 있게 해준 주님께 감사 기도를 드린다. "살아 있음에 감사하라!" 살아 있는 지금, 현재의 내게 주님의 은총이 있다고 믿는다. 매일 매일 세계 평화를 기도한다. 세계는 우크라이나전쟁, 이스라엘 가자지구 전쟁으로 많은 사람들이 희생되었다.

성서 구약을 읽으며 그 당시 왜 그리 전쟁을 많이 했는지 이해할 수 없었다. 인간의 욕심이, 인간의 사악함이 전쟁을 일으킨다고 본다. 지혜롭게 이 전쟁을 끝낼 수 있도록 매일 기도한다.

1983년 성당에서 결혼하는 바람에 얼떨결에 가톨릭 신자가 되었다. 신앙생활이 무엇인지도 모르고 성당에 다녔다. 주일이나 겨우 지키는 시계추 신자였다. 직장일, 육아, 집안 살림으로 발을 동동거리며 뛰어다녔다. 자녀들이 성장해 결혼하여 독립하고, 정년퇴직으로 시간적인 여유가 생겼다. 4가 복음(마르코, 요한, 마태, 누가)을 원격으로 공부했다. 신앙에 대해 조금씩 보이는 듯했다.

지인의 권유로 2023년 레지오에 가입하였다. '천주의 성모' 레지오 팀에서 매주 수요일 미사 후 모여 회합을 갖는다.

레지오 책 공부, 훈화, 묵주기도 등 신앙생활을 다지는 시간이 된다. 앞으로 좀 더 종교적인 교육과 성서 공부로 좀 더 하느님을 알아가며 실천하는 신앙인이 되겠다.

남편을 빈센치오 회원으로 가입시키고 매달 내가 회비를 냈다. 요즘은 남편이 직접 빈센치오 단체에 기부금을 매월 납부하는 모습을 보며 감사한다.

2025년 3월 26일 자기역사쓰기 경기서부지회장 취임식 때 축하 화환 대신 축하 쌀을 받아 본오동성당 빈센치오 단체에 기부하였다. 빈센치오 단체는 매주 목요일 성당 앞 공원에서 어려운 사람들에게 식사를 제공하는 봉사 단체이다. 작지만 이웃을 돕고 베푸는 사람이 되려고 노력한다. 매월 가톨릭 재단 호스피스병원 후원, 재소자에게 보내는 가톨릭신문, 선한이웃 등 작지만 나름 기부 봉사를 하고 있다.

2024년 성삼일 주님수난 성금요일 미사에 참석했다가 우리 구역 구역장님을 만났다. 봉사자로 활동해 주기를 요청했다. 직함은 우성2구역 '반장'이었다. 그 순간 주님이 나를 불러주시는 듯했다. 드디어 나를 주님의 도구로 쓰시려는가 보다 생각하고 쾌히 응답했다. 바로 임명장을 받고 반장으로 봉사하고 있다. 건강이 허락하는 한 맡은 소임에 충실하게 일하고, 특히 냉담하고 있는 시동생(임마누엘, 스테파노)들을 성당으로 돌아오게 하는 것이 주요 기도 제목이다. 그날이 빨리 오길 간절히 기도한다.

2025년 주님만찬 성목요일에 예수님이 제자 발을 씻겨주었듯이, 신부님이 내 발을 씻겨주었다. 12제자처럼 12명의 신자들을 대표로 뽑아 씻겨주었다. 구역장님이 평소에 무릎이 아파 고생하는 내게 그런 기회를 주신 것 같았다. 내게 베풀어 준 은혜에 감사하는 마음이다. 비록 다리가 노화되어 가고 있지만 움직일 수 있을 때까지 열심히 신앙생활과 봉사에 참여하려고 한다.

평생교육자의 삶

교육자로 42년 살았으니 이젠 피교육자로 배우고 싶은 것을 하고 싶다. 무엇이든 배우는 것을 매우 좋아하는 성격이다.

웰다잉(well-dying) **교육**에도 관심이 있다. 언젠가 돌아갈 마지막 생을 어떻게 마무리할 것인가에 대한 교육을 받을 기회가 있었다, 마지막까지 어떻게 살 것인가에 더 많은 초점이 맞추어졌다. 6회 정도 강의를 들었는데 부족하다. 기회가 된다면 더 공부하고 싶다.

자기역사쓰기 교육도 피교육자로 공부하고, 나의 인생을 돌아보니 참 좋았다. 아직 글쓰기에 부족한 점이 많아 글이 무미건조하게 쓰여지는 게 보인다. 주제를 써보고 그에 관련된 사건들을 마인드맵으로 그려보았다. 숨겨져 잊히려 했던 이야기들이 고개를 내밀고 나왔다. 이번 글을 탈고하면 다음번엔 그동안 여행한 이야기들을 써보려고 한다.

2025년 3월 26일 자기역사쓰기 경기서부지회장으로 취임하였다. 함께 교육받은 작가님들과 자기역사쓰기 출판도 하고, 교육홍보도 하고자 한다. 초·중·고 학생, 평생학습관, 행정복지센터를 통해 책 쓰기 활동에 쉽게 접근할 수 있도록 비전을 제시하고 싶다.

2025년 6월에 안산양지초등학교 6학년 전체에게 글쓰기 지도를 하였다. 학교 측과 MOU를 맺고 지속적인 협력을 하기로 했다. 6학년 전학생에게 책 한 권씩 만들게 하는 프로젝트에 우리 지회가 협력하게 된 것이다.

2025.4.24. 경기서부지회 자기역사쓰기 1기 지도사 자격증 과정을 마쳤다. 강의 준비로 바쁘긴 했지만 자기역사쓰기 활동이 즐겁고 재미있다. 강○숙 작가와 함께 하니 어려움 없이 잘해낼 수 있었다. 강 작가에게 고마운 마음이다. 9월에 시작한 2기 자격증 과정도 곧 끝날 예정이다. 그리고 안산시평생학습관에서 실시된 피움 과정 "인생사진으로 자기역사쓰기" 강의도 마쳤다.

예술적 소양을 기르겠다. 학창시절에는 음악, 미술을 아주 못했다. 이론은 만점에 가까운데 실기 점수가 매우 낮았다. 아예 소질이 없는 듯했다. 실기 시간이 매우 힘들고 불편했었다.

첫 발령지에서 제일 먼저 클래식 레코드판을 월부로 샀다. 비록 실기는 잘하지 못해도 유명한 클래식 음악 정도는 듣고 알아야 할 것 같아서였다. 지금도 턴테이블 전축을 가지고 레코드판을 돌린다.

세계미술대전집도 샀다. 시대별 작가들의 그림을 보고 안목을 넓히고 싶었다. 비록 그림은 못 그려도 작품을 볼 줄 알아야 할 것 같았다. 학창시절 대학 도서관에서 즐겨 보던 책 그대로 내 돈으로 미술책을 샀다.

최근에 오카리나를 배우기 시작했다. 잘하지는 못해도 연주를 할 수 있음에 성취감을 느낀다. 소질이 없는 게 아니라 연주할 기회를 갖지 못했을 뿐이다. 아직 미술은 시작하지 못했다. 스케치라도 시작해 보려고 한다. 데생은 좀 했던 것 같은데 색을 잘 칠하지 못한다. 그래서 배워보려고 한다.

평생교육센터, 주민센터 등에서 다양한 교육 활동을 하고 있다. 시간 계획을 잘 세워 일본어, 중국어, 영어를 공부하려고 한다. 해외여행 갈 때도 도움이 되고 두뇌 건강에도 좋을 것 같다는 생각이다.

2025년 4월부터 일본어를 배우기 시작했다. 히라가나는 좀 아는데 가타카나가 잘 익혀지질 않는다. 매일 조금씩 하다 보면 일본 자유여행을 할 수 있지 않을까? 꿈이지만 실현되리라 믿는다.

일기

학창시절엔 일기를 거의 매일 썼다. 결혼 후 일기 쓸 겨를 없이 바쁘게 살았다. 이젠 심신의 여유가 생겼으니 일기를 쓰려고 한다.

매일은 아니더라도 가능한 한 매일 쓰도록 노력하겠다. 자꾸 깜빡 깜빡 기억이 예전만 못하다. 자꾸 기억을 더듬고 회상해 보고 글로 적다 보면 뇌세포도 활성화되리라 믿는다. 노령화되면 치매가 오는 건 당연한 이치이다. 그래도 최대한 늦추고 덜 망령 드는 노인으로 늙고 싶다. 그러려면 일기를 쓰면서 생각을 정리하는 시간을 갖도록 하겠다. 김익한 작가의 《거인의 노트》에 "아침에는 꿈을 적고, 저녁에는 과거를 적는다."고 했다. 나도 꿈을 적는 일기를 쓰도록 하겠다.

사전(死前) 정리

언제 세상을 등지게 될지 아무도 모른다. 삶과 죽음이 내 마음대로 할 수 없는 일이다. 가진 게 많지 않지만 사후에 남아 있는 사람들이 힘들지 않게 미리 정리해 두어야 한다고 생각한다.

집은 나의 명의로 되어 있으니 주택연금공사에 연금으로 신탁하려고 한다. 매월 나오는 주택연금으로 가치 있는 일에 사용하려고 한다. 그 시기를 70세가 되는 시점에 하려고 한다.

나의 사후엔 나의 명의로 된 재산이 하나도 없게 하고 싶다. 가진 것 하나 없는 홀가분한 상태로 세상을 떠나고 싶다. 살아 있을 때 모두 정리하고 떠나려고 한다.

여행

호기심이 많고 여행을 좋아하는 남편 덕분에 국내, 국외 여행을 많이 다녔다. 자녀들이 어릴 때 자동차에 태워 국내 이곳저곳 유적지 명승지를 데리고 다녔다. 국외도 시간과 여건이 되면 가족여행으로 여러 번 갔다. 이젠 결혼하여 분가한 자녀들이 그들의 가족들과 즐겁게 여행을 다니고 있다. 가끔 아들네 가족, 딸네 가족과 여행을 하기도 한다. 의외로 손자들이 너무 좋아한다. 할머니, 할아버지와 함께한 여행이 좋다고 한다. 다행이지만 자꾸 따라다니지 말아야지…. 며느리와 사위는 불편할 거란 생각이 든다. 그래도 손자들과의 여행 추억은 너무 행복하고 좋다.

이젠 남편과 둘만 집에 남았다.
건강이 허락될 때 부지런히 더 여행하고 싶다.
인도, 네팔, 뉴질랜드 여행을 하지 못했다. 체력이 있을 때 하루빨리 다녀오고 싶다. 코로나 때 여행하기 힘들어서 가지 못한 곳에 다시 도전해서 다녀오고 싶다. 그동안 다녀온 여행지 자료를 모아 여행 이야기를 써보고 싶다. 눈이 침침해 자판을 두드리기 점차 힘들지만 더 힘들어지기 전에 꼭 쓰고 싶다. 누구에게 보여주기보다 나의 여행을 추억하고 돌아보며 행복했던 기억을 오래도록 보관하고 싶다.

그동안 여행한 자료들을 모아서 정리해 보았다. 연도별, 날짜별로 메모해 두었다. 이번 자기역사쓰기가 탈고되면 곧바로 여행 역사를 써보려고 한다.

Epilogue

자기역사를 쓴다는 것은 내게 어떤 의미일까?

이 강좌를 공부하면서 끊임없이 던진 질문이다. 한 인간이 살아온 흔적을 스스로 돌아보고 정리하는 시간이라 생각된다. 길지 않은 67년의 삶을 살면서 파도처럼 일렁였던 순간순간들을 재조명하는 계기가 되었다.

3년 전 죽음의 문턱을 넘나들던 투병의 시간이 있었다. 하느님께 울부짖으며 삶을 돌아보고 정리할 기회를 주십사 간절히 기도했다. 다행히도 지금 그 시간을 누리게 되어 감사한다. 교과서에 충실한 학생처럼 또박또박 사실만을 적어가다 보니 무미건조한 글이 되었다. 좀 더 글다듬기 기술을 익혀 읽기 쉽고 편안한 글이 되길 기대했는데 부족함이 너무 많이 보인다.

첫술에 배부르랴….

이번을 기회로 그동안 기억 속에 사라질 뻔한 귀한 추억들을 되살리게 되었다. 힘들고 어려운 순간보다 행복하고 기쁜 순간들이 더 많았음을 자기역사를 쓰면서 깨닫게 되었다. 자기역사쓰기 활동을 적극적으로 지지해 주고 격려해 준 남편에게 깊은 감사를 보낸다.
　앞으로 여행했던 자료만을 모아 그 순간의 기억을 또 써보고 싶다. 내게 건강을 허락해 주신 하느님께 감사드린다.

부록

연도	나의 연보	한국 현대사	에피소드
1958		- 진보당 사건으로 조봉암이 간첩 혐의로 체포	
1959		- 《경향신문》 폐간	
1960		- 제4대 정·부통령 선거, 마산에서 부정선거 규탄시위 발생 - 윤보선 제4대 대통령 취임 - 3.15 부정선거, 4.19 혁명 → 과도내각수립(수반: 허정)	- 경기도 수원시 장안구 북수동 72번지에서 출생 - 시내 중심지 기와집, 방 3, 부엌 2, 우물, 장독대 - 1958년 개띠는 팔자가 좋은 띠라고 함 - 취학 전 큰언니가 한글을 가르쳐 줬던 기억이 있음 - 동네 모습: 집 앞에 전봇대, 방앗간이 있고 주로 기와집, 십자약국, 매향시장, 가게 등이 있었음 - 수원천이 가까워 빨래, 목욕, 수영하러 감 - 옆집 언니들이 귀여워 함(춘자, 효자) - 방앗간 집 동갑 남자 소꿉친구와 놀았음
1961.3	유년 시절	- 5.16 군사정변 → 국가재건 최고 회의 구성, 혁명공약 공표 - 부정축재 처리법 공표	
1962		- 1차 경제개발 5개년 계획: 경공업 중심의 경제개발계획 시행 - (북한) 4대군사노선 채택: 전 인민의 무장화, 전 국토의 요새화, 전 군의 간부화, 전 군의 현대화 - 1차 경제개발 5개년 계획: 경공업 중심의 경제개발계획 시행 - (북한) 4대군사노선 채택: 전 인민의 무장화, 전 국토의 요새화, 전 군의 간부화, 전 군의 현대화	
1963		- 제5대 대통령 선거(박정희 대통령 당선, 제3공화국)	
1964		- 6.3 시위: 한·일협정 반대운동 - 인민혁명당(인혁당) 사건	
1965	초등학교 입학	- 베트남파병, 한·일협정(한일 국교 정상화)	- 급식: 강냉이 빵 - 가을운동회(소운동회, 대운동회) - 떨감으로 조개탄 - 수원천에서 멱감기 - 화홍문, 방화수류정, 장안문, 남문, 팔달산 - 소풍: 원호원, 봉령사, 원천유원지, 용주사 - 1학년 담임: 양경자 선생님(부드러운 손) - 입학 한 달 동안 어머니가 데리고 다님 - 학교 성적: 중위권
1966	2학년	- 브라운 각서: 베트남파병 대가로 경제발전과 한국군의 현대화에 필요한 지원 약속 - 한미행정협정(SOFA)	- 2학년 담임: 김인숙 선생님(친절하고, 인자한 성품, 교실 부족으로 강당 막아 사용)

194 꿈길 따라 시간여행

연도	나의 연보	한국 현대사	에피소드
1967	3학년	- 제2차 경제개발 5개년 계획 - 제6대 대통령 선거	- 3학년 담임: 애상민 선생님(생존해 계심) - 특별활동(주산반) 안 가고 은행나무 밑에서 놀음 준비물(주산)이 없어 못 갔음
1968	4학년	- 1.21 무장간첩 김신조 일당 31명 남파 - 국민교육헌장 선포 - 미 군함 푸에블로호 북한연안 정탐 중 북한에 나포 - 울진·삼척 무장공비 침투	- 4학년 담임: 한현욱 선생님(고인) → 동시 작가, 동요를 다양하게 지도
1969	5학년	- 6차 개헌, 3선개헌(중임제한 폐지) - 닉슨독트린 발표	- 5학년 담임: 한현욱 선생님(고인) - 모범상으로 왕자 크레파스 받음 - 최초로 우등상을 받음 - 부반장으로 처음 선출됨 - 폐휴지 모으고 재활용품 판매
1970	6학년	- 8.15선언 - 전태일 분신사건, 근로기준법 준수요구 - 경부고속도로 개통, 새마을운동 시작	- 6학년 담임: 김종민 선생님 - 반장을 처음 하게 됨 - 우등상을 받지 못함 - 임미송, 김기화, 최미옥, 신현호, 남경남과 친함
1971	초등학교 졸업/ 중학교 입학	- 남북적십자회담 제의 - 7대 대통령 선거 박정희 당선	- 영복여자중학교 입학 - 1학년 담임: 홍기창 선생님(고인) - 부반장 역임. 김남옥, 김영선, 백인자와 친함 - 성적 상위권, 문예부 활동
1972	부반장 역임	- 남북적십자회담 개최 - 7.4 남북공동성명: 자주, 평화, 민족적 대단결의 통일/남북조절위원회 설치 - 7차 개헌: 10월 유신헌법(제4공화국) - 8.3 사채동결조치→사채를 쓴 부실기업에 대한 특혜	- 2학년 담임: 허창호 선생님(총각 선생님이라 인기 많음) - 학교 도서관에서 도서 대출로 문학책을 읽기 시작 - 《제인 에어》세 번 읽음 - 문예부 활동: 작품을 못 씀 - 부반장 역임
1973	모의고사 전교 1등 함	- 6.23 평화통일 선언 - 김대중 일본 동경에서 피랍사건	- 3학년 담임: 류병희 선생님(생존) - 스마일 연습장 - 중학교 장학퀴즈 나가려고 선생님과 서울방송국에 감 - 모의고사 전교 1등을 함 - 부반장 역임
1974	중학교 졸업/ 고등학교 입학	- 민청학련 사건, 긴급조치 선포 - 박정희 대통령 암살 미수사건(육영수 여사 피살), 범인 문세광	- 고등학교 1학년 담임: 장애순 선생님 - 성적 상위권 - 맹영애, 김은자, 김화정 등과 친함 - 부반장 역임 - 육영수 여사께서 돌아가신 것에 대해서 많이 아쉬워함

부록

연도	나의 연보	한국 현대사	에피소드
1975	반장 역임	- 제2차 인혁당 사건	- 2학년 담임: 장응범 선생님 - 진로 고민: 담임이 국어 교사 하라고 권함 - 반장 역임, 최우수 학급 표창을 받음
1976.	반장 역임	- 3.1 명동성당에서 민주구국선언	- 고3 담임: 심재규, 윤명중 - 반장 역임 - 국·영·수 성적이 생각보다 저조함 - 공부 슬럼프에 빠짐
1977	대학 입학 (1학년)	- 제4차 경제개발 5개년 계획 - 수출 목표 100억 달러 달성	- 인천교육대학교 입학, 싼 학비, 장학금 국비지원 - 심화 과정 과학과 선택 - 최은순, 송정원, 김순희 친구 사귐 - 스카우트 단체 가입 - 전철 타고 통학 - 화홍회, 이데알레 대학생 써클 가입. 부회장 역임
1978	대학 2학년		- 교생실습(신흥초) - 동인천역 지하도 걸어 다님 - 졸업논문 발표회에서 과학과 최고상 수상 - 느티 모임 결성(시화전 개최)
1979	대학 졸업/ 첫발령	- YH 여성 노동자 사건, 부마항쟁, 10.26 사태(박정희 사망), 12.12 사태(신군부의 군사권 장악) - 통일주체 국민회의에서 최규하 후보를 10대 대통령으로 선출	- 비봉초등학교에서 첫 교사 생활 시작 - 공용택, 맹삼영, 권선택, 김지숙, 조혜선 제자 - 심부자, 심완자, 조순례, 권기섭 선생님 만남 - 김기동 제자 발 다쳐 병원 감
1980	연구학교 공개수업 참여	- 서울의 봄(유신헌법 폐지, 전두환 퇴진, 비상계엄 폐지 요구) - 5.18 광주민주화운동 발발 → 전국 대학교 휴교령 - 국보위비상대책위원회 설치 - 8차 개헌(대통령 간선제-7년 단임)	- 3.1정신 얼 계승을 위한 교육 연구학교 공개수업: 대표 수업함. 칭찬받음(봉담초등학교 한명혁 교장) - 수업 실기대회 출전 뜻을 가짐
1981	수업 실기 1등	- 제5공화국 탄생 - 수출 200억 불 달성 - 제5차 경제사회발전 5개년 계획 발표	- 화성교육청 수업 실기 56개교 학교 대표로 출전하여 1등 함 - 학무과장 시아버지 만남
1982	남편 만남	- 부산 미국문화원 방화 사건(문부식 등 주도) - 야간 통행금지 실시 - 중고생 두발·교복자율화	- 남편 소개받음 - 남편과 결혼을 전제로 사귐 - 상견례 후 결혼 준비 - 교육부 지정 영어 연구학교 연구 교사로 수업함

연도	나의 연보	한국 현대사	에피소드
1983	결혼	- 미얀마 아웅산 폭탄테러 사건	- 1월 22일(토), 수원 고등동 성당에서 결혼식 - 세류 삼거리 공우 아파트에서 신혼생활 - 10월 7일 미숙아로 첫째 아들 재동 태어남 - 교육부 지정 영어연구학교 공개수업 못함(출산)
1984		- 북한 합영법 채택 - 북한이 대한민국에 수해물자 제공 제의	- 감기가 심해져 기관지 확장증으로 두 달 입원 - 두 달 병가 사용
1985	둘째 혜경 출산	- 남북 이산가족 공동방문단, 예술단 교류	- 2월 둘째 임신, 11월에 혜경 태어남 - 3월 안산 원곡동 성환 연립으로 이사 - 시할아버지, 시할머니 모시고 살게 됨 - 임신하고 안산에서 수원 직장까지 여섯 번 차를 갈아타고 통근 - 7월 28일 시할머니 별세 - 11월 27일 혜경 출산
1986	안산 성곡 초등학교 전입	- 권인숙이 부천경찰서에서 성고문을 당함 - 제10회 아시아 경기대회 개막	- 안산 성곡동 성곡초등학교 6학급으로 전근 옴 - 박천신 교감 만남, 29세에 교무부장 역임 - 성곡초등학교는 1987년 8월 폐교됨 - 1정 자격연수를 받음
1987	안산 중앙 초등학교 발령	- 박종철 고문치사 사건 → 4.13 호헌(대통령 간접선거 헌법 유지)조치 - 6월항쟁(직선제 요구) → 6월 29일 선언 - 9차 개헌: 대통령 직선제(5년 단임제)	- 급식 시범학교 연구교사로 수업공개 - 정화신, 곽필순, 서명희 선배 만남 - 시할아버지 별세(8월 25일) - 인천교육대학교 계절대학 편입(유아교육 심화) - 12월 25일 성포동 예술인 아파트(1-1803)로 이사
1988	안산 중앙 초등학교	- 7.7 선언: 남북한 경쟁대결 외교 종식, 각계 남북 동포 교류추진, 이산가족 방문 - 서울올림픽대회 개최 - 제6 공화국	- 토요일마다 인천교육대학교 출석 수업 - 방학마다 한 달씩 출석 수업 - 조영숙 친구 만남
1989	석사과정 입학 (1학기)	- 전국 교직원 노동조합(전교조) 결성	- 1989년 8월 계절대학 졸업 - 1989년 9월 숙명여자대학교 교육대학원 입학(조영숙과 함께) - 전철, 버스로 안산에서 서울로 통학
1990	대학원 2, 3학기	- 소련과 수교 - 남북 고위급 회담 시작 - 민정·민주·공화 3당 합당으로 민주자유당 창당	- 이재연 지도 교수 논문 지도받음 - 시어머니 별세(7월 27일) - 시댁과 합가(시아버지, 시동생 2) 7식구 예술인 아파트 4-1306호 - 3학기 성적 과 수석으로 장학금 받음 - 재동 초등학교 1학년 입학(성포초등학교)

연도	나의 연보	한국 현대사	에피소드
1991	대학원 4, 5학기 성포 초등학교 근무	- 남북한 UN 동시 가입 - 남북기본합의서 채택(화해, 불가침, 교류협력 방안) - 한반도 비핵화에 관한 공동선언 (1992) - 나진, 선봉 자유무역지대 설치/공포 → 해빙을 기대	- 석사 논문 준비로 남편의 도움 받음 - 서울, 안산 대·중·소 규모 학교 학생, 학부모 표집하여 설문 조사 - 3.1 성포초등학교로 전근 - 허리 디스크로 두 달 병가 내고 치료받음
1992	석사학위 졸업	- 중국과 수교(대만과 단교 발표) - 제14대 대통령 선거(김영삼 당선)	- 2월 석사 논문 통과 졸업 - 논문 주제: 자기보호 아동의 실태조사 연구 - 혜경 초등 1학년 입학
1993	성포 초등학교 근무	- 김영삼 정부 출범(문민정부) - 금융실명제 실시, 공직자 윤리법 제정 - 김정일 국방위원장 취임	- 성포초등학교 근무 - 시지정 국악시범학교 운영 발표 참가
1994	성포 초등학교 근무	- 김일성 사망 - 우루과이라운드 타결	- 교육현장연구대회 참여
1995	성포 초등학교 근무	- 지방자치 전면적 실시(기초의회, 광역의회, 기초단체장, 광역단체장)	- 수업 실기대회 참여(우수상 수상):3학년 - 송암빌딩 기공
1996	석호 초등학교 근무	- 경제개발기구(OECD) 가입	- 석호초등학교 전근, 환경부장, 교무부장 역임 - 사리포구로 회 먹으러 자주 감 - 영재학급 운영 - 재동이 초등학교 졸업, 중학교 입학
1997	석호 초등학교 근무	- 11월 국가부도 사태: IMF 체제 돌입	- 학교경영계획서 우수교 선정 상금 200만 원: 영어 어학실 만들기 - 민속자료관 만들기, 도서실 만들기 위한 바자회 실시 800만, 600만, 400만 원 수입 - 송암빌딩 준공
1998	석호 초등학교 근무	- 김대중 정부 출범(국민의 정부) - 햇볕정책 표방 - 금강산 관광사업 시작 - 정주영 명예회장 소 500마리 끌고 방북	- 혜경 시곡중학교 입학
1999	석호 초등학교 근무	- 대우사태, 김우중 회장 퇴임 - 고문경관 이근안(김근태 씨 고문) 자수	- 크리스토퍼 8기 교육받음(남편과 함께) - 8기 회원들 만남 - 삼성 주관 전국 초중고 학교 홈페이지 지도교사로 참가하여 대상(500만 원, 부상으로 서안계림 항공권 14개 나옴) - 재동 고등학교 입학

연도	나의 연보	한국 현대사	에피소드
2000	석호 초등학교 근무	- 남북 정상회담 실현(6.15 남북 공동선언) - Y2K 문제로 세상이 떠들썩함	- 크리스토퍼 강사 교육 수료, 9기 강사로 봉사 - 인터넷 가족신문 만들기 지도교사로 활동
2001	석호 초등학교 근무	- IMF 지원 자금 전액 상환	- 스승의 날 국무총리상 수상 - 대로회 효도잔치(상록웨딩플렉스)
2002	시흥시 시흥 초등학교 근무	- 한일월드컵 개막 - 제16대 대통령 선거(노무현 당선)	- 3월 1일 시흥시 시흥초등학교로 전근 - 본격적인 전문직(장학사) 시험 준비
2003	전문직 합격	- 노무현 정부 출범(참여정부) - 개성공단 조성 시작	- 전문직 시험 합격, 화성교육청 장학사로 발령 - 체육 담당 장학사로 전국체전, 소년체전 참가 - 김윤배 교육장, 최길용 과장, 윤희태 장학사
2004	경기도 화성 교육청 근무	- 노무현 대통령 탄핵 파동 - 고속철(KTX) 개통	- 과학 담당 장학사, 영재학급 운영 - 김성일, 김동민 주무관
2005	경기도 화성 교육청 근무	- 청계천 복원 - 황우석 논문 조작 사건 - 호주제 폐지	- 교감 자격 연수받음 - 박순자, 김금자, 신경숙, 임순옥, 임현숙, 전명희 만남 - 용인시 기흥구 구갈동 한라 비발디로 이사 - 우수 교원 유럽 연수 선발(영국, 스위스, 프랑스, 독일) 다녀옴
2006	경기도 화성 교육청 근무	- 반기문 유엔사무총장 선출 - 박근혜 피습 → 여당 지방선거 참패	- 보직 인사 담당 장학사로 밤새워 인사 작업
2007	교감 초임 발령	- 10.4 남북공동선언 - 제17대 대통령 선거(이명박 당선) - 남북 관계 발전과 평화 번영을 위한 선언 발표	- 9월 1일 용인백현초등학교 교감 초임 발령 - 김용한, 김형일, 한덕희, 배춘식, 김태영, 이상호, 정재연, 최병규, 정진경, 김신영, 이용애 만남
2008	용인 백현 초등학교 근무	- 미국산 소고기 수입 반대 촛불집회(광우병 파동) - 2008 금융위기	- 학교 축제: 밴드 공연 - 100대 교육과정 우수학교로 선정 - 대로회 행복 기념회(미라마호텔)
2009	친정 아버지 별세 안산 삼일 초등학교 교감	- 노무현 대통령 자살 사건(5월 23일) - 김대중 대통령 서거	- 창의성 연구학교 보고회 개최 - 안산시 상록구 본오로 145 우성아파트로 이사 - 친정아버지 별세(8월 15일)

연도	나의 연보	한국 현대사	에피소드
2010	안산 삼일 초등학교 근무	- 북한 연평도 포격 사건(네 명 사망, 16명 부상) - 천안함 폭침 사건	- 삼일초등학교 친정 부모님 유물, 민속자료관에 기증(병풍,자개 화장대, 한복, 벼루, 고서 등)
2011	안산 삼일 초등학교 근무	- 김정일 사망 - 아덴만 여명작전 성공	- 교장자격연수: 교원대학교, 율곡 연수원 - 교장자격연수 해외 연수: 중국 서안, 북경
2012	안산 중앙 초등학교 공모교장 승진 혜경 결혼	- 제18대 대통령 선거(박근혜 당선) - 싸이 강남스타일로 월드스타 됨	- 단설 공립 한들 유치원 설립 추진 - 3.1 공모교장으로 승진 - 이재평 교감(9월 1일 전입) - 혜경 결혼: 국방부 컨벤션에서 - 갑상선 저하증으로 치료 시작
2013	외손자 건우 출생	- 통진당 내란음모 사건으로 이석기 의원 구속 - 경제민주화와 갑질 횡포 논란	- 한들 유치원 건립 - 건우 출생 - 혁신학교 공모 선정됨
2014	재동 결혼 어머니 별세	- 세월호 침몰 사건(4월 16일) - 대한항공 땅콩 회항 사건(재벌가 갑질 논란)	- 재동 결혼(5월 24일) 양재동 AT에서 - 남편 회갑(나의 암 수술로 생일 못 해줌) - 갑상샘암으로 수술 및 치료 - 친정어머니 별세(12월 25일) - 대로회 합동회갑연 : 파티하우스
2015	친손자 준민 출생	- 김영삼 대통령 서거 - 62년 만에 간통죄 폐지 - 메르스 유행(중동호흡기 증후군)	- 준민 출생 - 공모 교장 최우수교 받음 - 공모 교장 끝남
2016	외손자 현우 출생 안산 중앙 초등학교 발령	- 알파고 충격, 4차산업혁명 도래 알림 - 경주지진(규모 5.8) 발생 - 최순실 국정농단 사건	- 1월 6일부터 남미 여행(브라질, 아르헨티나, 페루, 볼리비아) 21일 - 공황장애 치료 - 일반 교장으로 안산중앙초등학교에 발령
2017	안산 중앙 초등학교 근무	- 2017년 3월 10일 11시 21분, 헌법재판소의 대통령 파면 결정에 따라 이전까지 대통령직을 맡아온 박근혜는 대통령으로서의 자격을 완전히 상실함 - 촛불혁명, 문재인 대통령 취임	- 학교 일조권 침해로 비대위 결성 소송
2018	친손자 준건 출생	- '미투' 이슈 전국 강타 → 유력인사들 무대에서 사라짐 - 이명박 대통령 구속 - 주 52시간 제도 시행 - 평창 동계올림픽	- 충주 펜션 대여: 텃밭 가꾸기 - 펜션 뒷산 밤 줍기 - 동계올림픽 쇼트트랙 강릉에서 관전 - 내 회갑 잔치: 마이어스에서 - 충주 펜션 주말마다 시동생들과 가기
2019	안산 중앙 초등학교 근무	- 조국 사태	- 충주 펜션 주말마다 시동생들과 가기 - 2019년 12월까지만 임대 만료

연도	나의 연보	한국 현대사	에피소드
2020	안산 중앙 초등학교 근무 정년 퇴임	- 국내 코로나19 환자는 지난 1월 20일 처음 발생. 첫 번째 확진자는 중국 후베이성 우한에서 들어온 중국인 여성. 이후 약 한 달여간 30명에 불과했던 확진자는 2월 18일 신천지대구교회 신도인 '31번째 환자'가 나온 이후 급증. 확진자 수가 하루에 수십, 수백 명 단위로 가파르게 증가하면서 한 달 만에 대구·경북 지역의 누적 확진자는 약 8,000명으로 증가 - 박원순, 오거돈 시장 성추행 사건 - 이건희 회장 사망	- 석면 공사로 교장실 이전 - 코로나로 휴교를 자주 하게 됨 - 발전기금으로 도서관 리모델링 개관 - 정년 퇴임(8월) 코로나로 간소하게 - 선부동 선산에 텃밭 만들어 가꾸기 - 퇴임 후 남편과 제주 여행(7일간), 태풍 만남 - 외손자 건우 1학년 입학, 코로나로 입학식 못 함
2021	제주 한 달 살아보기	- 민주당, 국민의힘 모두 0선 대통령 후보 선출됨 - 전두환, 노태우 (전) 대통령 사망	- 1월 제주 살아보기 떠남(노형동 숙소), 청안호텔 - 온라인 성서 공부 시작 (마르코, 누가, 마태, 요한)
2022	호주 살아보기	- 코로나로 입·출국이 통제되는 시기	- 호주 살아보기 여행(37일): 시드니, 멜버른, 케언즈(제자 차윤석 도움) - 블루마운틴 캠핑 인상적임 - 병원 35일 입원: 공황장애, 체력 약해짐 - 온라인 성서 공부(4가 복음) - 친손자 1학년 입학, 코로나로 입학식 못 봄
2023	'천주의성모' 레지오 입단	- 러시아 우크라이나 침공으로 전쟁	- 1월 손자들과 괌에서 생활하기 - 2월 성당 레지오 '천주의 성모' 팀에 가입 활동 - 3월 외손자 현우 1학년 입학 - 4월 친정 5남매 북해도 여행 - 7월 오사카 여행 - 8월 친손자들과 강릉 살아보기 - 10월 일본 도야마 알펜루트 다녀옴 - 8월 지중해 크루즈여행: 남편 칠순 여행 - 12월 아프리카 여행
2024	소공동체 봉사자로 임명	- 의정 갈등으로 전공의 파업 - 헤즈볼라 이스라엘 공격으로 전쟁 - 지구 온난화 심각 - 미국 트럼프 대통령 취임 - 계엄령 선포, 대통령 탄핵소추	- 2월 외손자들과 베트남 살아보기(나트랑, 다낭) - 3월 귀동이 교장 동기들과 일본 규슈 여행 - 4월 우성 2구역 1반 반장 맡음 - 4월 딸네 가족과 오사카 여행 - 6월 대학 동창들과 필리핀 팔라완 여행 - 8월 아들네 가족과 필리핀 보홀섬 여행 - 10월 친정 5남매 북경 여행
2025	자기 역사쓰기 경기 지회장 취임	- 대통령 탄핵, 구속, 인용, 파면 - 대통령 선거(6월 3일)	- 손자 준건이 초등학교 입학 - 3월 자기역사쓰기 경기서부지회장 취임 - 4월 자기역사쓰기 경기서부지회 1기 개강 - 5월 경인교육대학교 16회 동창 크루즈 여행 - 6월 안산양지초등학교 글쓰기 강의 - 9월 안산시평생학습관 강의

꿈길 따라
시간여행

초판 1쇄 발행 2025. 10. 15.

지은이 한명희
펴낸이 강희숙
펴낸곳 나도작가북스

편집진행 바른북스

주소 경기도 안산시 단원구 고잔로 120 세주빌딩 401호
대표전화 031-507-0033 | **팩스** 031-362-5913

•나도작가북스는 여러분의 다양한 아이디어를 설레는 마음으로 기다리고 있습니다.

이메일 nadojakka@daum.net
홈페이지 www.nadojakka.com
공식 블로그 https://blog.naver.com/nadojakka

ⓒ 한명희, 2025
ISBN 979-11-995077-0-8 03810

•파본이나 잘못된 책은 구입하신 곳에서 교환해드립니다.
•이 책은 저작권법에 따라 보호를 받는 저작물이므로 무단전재 및 복제를 금지하며,
이 책 내용의 전부 및 일부를 이용하려면 반드시 저작권자와 도서출판 나도작가북스의 서면동의를 받아야 합니다.